Learning from Singapore

The Power of Paradoxes

矛盾的力量

新加坡教育的启示

［坡］黄博智 Pak Tee Ng 著

［坡］方 瑜 译

Routledge
Taylor & Francis Group

上海教育出版社
SHANGHAI EDUCATIONAL
PUBLISHING HOUSE

前言 Foreword

　　教育是一项复杂的事业。《矛盾的力量——新加坡教育的启示》深刻揭示了教育体系为应对眼前瞬息万变的世界而试图推行的教育改革及改革的复杂性；讲述了新加坡独立后的教育改革历程：通过大力投资教育领域，力图实现人力资本的最大化开发，从而推动教育体系全面革新。

　　作者黄博智副教授是新加坡南洋理工大学国立教育学院的学者，对教育政策与体系有着深切的关注。作者深入剖析了文化与背景在教育政策制定、实施中的影响，尤其关注在教育改革中，如何在复杂因素、对立理念、现实张力与取舍，甚至矛盾立场中协调权衡，推动变革的实现。

　　改革过程中，我们需要坚持哪些不变的原则？能否在确保高标准和高效执行的同时实行去中心化，以满足学校及学生的个性化需求？如何在实行任人唯才制度的同时避免恶性竞争？面对 21 世纪的挑战，我们又是否能通过少教多学让学生学得更多？本书值得每一位对教育改革和教育体系感兴趣的读者细细品读，它引导我们更加深入地思考这些复杂问题。教育改革不是直线推进的简单过程，而是一场需要不断调适的复杂实践。事实上，改革必然充满挑战。面对一个复杂多变的世界，为了让我们的学生能够更好地适应未来，我们需勇敢地迎接这些挑战，推动变革。

王斯芸

新加坡国立教育学院主席

致谢 Acknowledgments

谨以此书献给新加坡的教育工作者们，他们在这条不易跋涉的道路上坚持不懈，如同教导自己的儿女一样教导他人的儿女。正是因为有了这些不辞辛劳、守护未来的教育工作者，新加坡才有了光明的未来。

我要感谢安迪·哈格里夫斯（Andy Hargreaves）教授，感谢他对"引领未来教育系列"丛书（Routledge Leeding Change Series）的出色领导以及对我这本书的宝贵建议。他是成就斐然的学术楷模，总慷慨地帮助他人。

我要感谢丹尼斯·雪利（Dennis Shirley）教授。我们两人有幸成为本系列丛书的首批作者，感谢他在我们共同的学术之路上给予我陪伴、建议和鼓励。

我要感谢我的妻子慧红对我无私的爱，感谢我的父母、妹妹和妹夫一直以来的支持，感谢我的研究助理玛丽亚（Maria）在我撰写本书初稿时提供的帮助。我还要感谢所有以各种方式为本书作出贡献的人，以及在个人学术和教育成长道路上给予我帮助的人。最重要的是，感谢上帝的恩典，使我在生活和工作上得到力量。

黄博智

目录 Contents

第一章

背景与导言

Chapter 01

新加坡的矛盾面面观

新加坡故事的核心并不在于炫耀新加坡的国际测试结果，而是展现几代政策制定者、教育实践者和教师培训者辛勤耕耘、坚韧不拔的奋斗历程。

2013 年 12 月，在 2012 年国际学生评估项目（Programme for International Student Assessment，PISA）结果即将公布之际，许多教育体系陷入了紧张情绪，迫切期待这个相当于教育体系世界杯的比赛结果。当结果最终公布时，有人欢呼，有人哀叹。东亚的教育体系被经济合作与发展组织（Organization for Economic Cooperation and Development，OECD）誉为教育成功的典范。芬兰仍然名列前茅，但排名出现了下滑的迹象。与此同时，美国和一些欧洲国家则遭受了沉重打击。有些报纸的头条大肆批评西方教育的弊端，而另一些则视 PISA 结果为警钟。

新加坡的教育体系是 PISA 2012 排行榜上名列前茅的教育体系之一，在 PISA 2009 中也表现出色。事实上，自 20 世纪 80 年代以来，新加坡就一直在国际数学与科学趋势研究（Trends in International Mathematics and Science Study，TIMSS）和国际阅读素养进展研究（Progress in International Reading Literacy Study，PIRLS）中名列前茅。然而，真正让新加坡教育体系受到瞩目的是 PISA 2009，PISA 2012 再次展现了其优异的成绩，进一步巩固了新加坡的声誉。[1] 在 PISA 2012 中，新加坡学生在英语阅读理解能力方面的表现超越了加拿大、新西兰、澳大利亚、美国和英国等以英语为母语的国家。此外，新加坡在使用电脑进行的问题解决能力评估中也排名第一。2015 年，基于新加坡 15 岁学生在数学素养和科学素养方面的卓越表现，OECD 将新加坡的教育体系评为世界顶级教育体系。[2] 根据国际排行榜，新加坡教育体系成为新典范。

除了在这些国际测试中表现优异外，新加坡学生还在各类国际比赛中赢得了众多奖项。例如，在 2015 年，新加坡在国际青年物理学家竞赛中击败 27 个国家，成为首个连续三年获得冠军的国家。新加坡在第 26 届国际生物学奥林匹克竞赛中获得三枚金牌和一枚银牌，在 60 个参赛国家中位列第三。[3] 在第 27 届世界学校辩论锦标赛中，新加坡队战胜了来自 53 个国家的 250 名选手，夺得冠军。[4] 2014 年，在越南举办的第 10 届东盟技能大赛 ① 中，新加坡学生代表团共赢得 11 枚奖牌，涵盖了移动机器人、美容治疗、信息网络布线和餐厅服务等多个项目。[5] 在 2015 年 11 月的国际文凭考试中，新加坡有超过一半的考生获得了满分。[6]

表 1.1　新加坡国际数学与科学趋势研究（TIMSS）成绩排名

年份	年　级	数学排名	科学排名
1995	三年级	第二	第七
	四年级	第一	第七
	七年级	第一	第一
	八年级	第一	第一
1999	八年级	第一	第二
2003	四年级	第一	第一
	八年级	第一	第一

---

① 东盟，即东南亚国家联盟，新加坡称之为"亚细安组织"。

续表

年份	年 级	数学排名	科学排名
2007	四年级	第二	第一
	八年级	第三	第一
2011	四年级	第一	第二
	八年级	第二	第一

表 1.2　新加坡国际阅读素养进展研究（PIRLS）成绩排名

年份	排名
2001	第十五
2006	第四
2011	第四

表 1.3　新加坡 PISA 2009 成绩

类别	排名
数学素养	第二
科学素养	第四
阅读素养	第五

表 1.4　新加坡 PISA 2012 成绩

类别	排行
数学素养	第二
科学素养	第三
阅读素养	第三
问题解决能力（使用电脑进行）	第一

　　新加坡的成功故事引起了全世界的关注。多年来，许多海外人士向我提出了一些问题，我在表 1.5 中列举了部分问题。

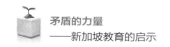

表 1.5　我收到的部分问题示例

问　　题	我的回答
新加坡是如何在国际排名中取得如此好的成绩的？	我有自己的看法，但更值得关注的是"新加坡在登上这些排行榜榜首之后又采取了哪些措施？"。更多详情请见第二章的"矛盾现象一：适时而变，恒久而常"。
在竞争激烈的新加坡，来自弱势背景的孩子会不会在教育体系中掉队？	这种风险确实存在，新加坡近年来也一直在积极防范这种情况的发生。更多详情请见第二章的"矛盾现象二：任人唯才，仁爱包容"。
新加坡的教育体系是自上而下的，学校领导和教师有自主权吗？	学校领导和教师拥有自主权，但始终要与国家的需求和目标保持一致。更多详情请见第二章的"矛盾现象三：集权管理，放权而治"。
新加坡的教育改革是否深入课堂，影响教学？	我们正在努力实现这一目标，但这并不容易。我们非常清楚，改革不仅仅是改变结构。更多详情请见第二章的"矛盾现象四：少教多学，简学深悟"。

　　作为土生土长的新加坡人，我为自己的国家及其教育制度感到自豪，也很高兴自己是其中的一分子。如果您不是新加坡人，但对新加坡的教育体系给予认可，我非常感谢您的赞赏。然而，作为新加坡的公民和教育工作者，我认为我们在国际排行榜上的高排名仅仅表明我们在这些排行榜上表现出色，并不意味着我们已经实现了所有教育目标。虽然能在这些排名中名列前茅总比垫底要好，**但国际排名并不是我们的终极目标，我们更关心孩子和年轻人的实际教育成果**。尽管我们在排行榜上表现良好，但我们深知仍然需要付出更多努力来不断提升自己。我们还有许多方面需要改进，还有很多工作要做。我们的教育工作者每天都在面临挑战，我们的教育体系也在不断改进。

　　我曾在世界各地的许多会议上做过主题演讲，分享新加坡的教育经验，包括政策变革、学校领导和教师的培养方式，以及如何改进课程和教学方法。若新加坡未被视为成功，我或许也就不会收到这些邀请。我深感荣幸，受益于我国的教育体系，并且在其中获得了许多机遇。我在新加坡的教育体系中完成了至大学预科阶段的教育，随后获得奖学金前往剑桥大学攻读本科学位，主修数学。回到新加坡后，我在一所初级学院（招收 17—18 岁学生）担任数学老师。如果没有国家资助的奖学金，我的家庭很难负担我的海外教育费用。教了几年书后，我被调任到教育部。几年后，我加入了国立教育学院（National Institute of Education，NIE），从事学术工作。国立教育学院隶属于南洋理工大学，是新加坡唯一的师范类大学，肩负着为全国教育体系培养所有教师和领导者的使命。教育部、国立教育学院和学校紧密合作，形成三方伙伴关系，确保教育政策制定、师资培养和教学实践之间的一致性。现在，我主要从事教育政策与领导力方面的教学和研究，其中一项重要职责是培养和发展学校及教师领导者，为国家的未来贡献一份力量。

本书讲述了新加坡教育体系的发展故事。故事的核心并不在于炫耀新加坡的国际测试结果，而是展现几代政策制定者、教育实践者和教师培训者辛勤耕耘、坚韧不拔的奋斗历程。它讲述了教育工作者如何克服层层障碍，坚定地推行富有前瞻性的政策，并展示了新加坡如何果断地推动教育改革，将 20 世纪 60 年代的落后体系发展成今天的模样。尽管新加坡似乎已经建立了一个成功的教育体系，但仍面临各种挑战与不足。这个故事是新加坡在过去半个世纪克服种种困难砥砺前行的真实写照。

本书强调了社会背景和文化因素对教育政策制定、实施的重要影响。新加坡的成功与挑战表明，当一个教育体系需要在相互竞争的教育理念、重大的权衡和看似矛盾的立场之间寻求平衡时，教育改革是多么困难。新加坡并不将这些看似矛盾的教育理念视为非此即彼的二元对立，因此也不采取极端立场或进行无休止的争论。相反，新加坡包容这些看似对立的教育理念，并从这些矛盾所产生的创造性张力中汲取力量。这些矛盾包括：适时而变与恒久而常的共存、集权与放权的结合、任人唯才与仁爱包容的平衡以及少教多学的理念。我将在第二章详细阐述这些矛盾。

本书并不是新加坡教育体系的编年史或全面回顾，也不主张将"新加坡模式"视为其他教育体系的标准。所谓的"新加坡模式"具有鲜明的本土特色，其形成源于新加坡独特的发展历史和社会背景。尽管如此，世界各国仍可以从新加坡的经验中获得启示，新加坡的实践如同芬兰的经验，能够为其他国家在学校改进方面提供切实可行的思路。本书在探讨新加坡教育体系（尤其是近年来）的成功与挑战、审视其未来发展方向与潜在矛盾的同时，也为其他国家提供了有益的参考。此外，本书还旨在激发国内外教师、学校领导、学者、研究人员和教育政策制定者对教育变革进行深入反思与讨论。

本书的写作视角

许多教育政策制定者、学校领导者、学者和研究人员都阅读过大量关于新加坡教育体系的国际报告，这些报告提供了有价值的见解，并从不同角度分析了新加坡教育的成功经验。然而，本书的视角与这些报告有所不同。

作为一名土生土长的新加坡人，我既是这个国家教育体系中的师资培训者，也是本地大学的一名学者。我的父母都是新加坡的退休教师，因此我从小耳濡目染，听过许多关于教师的故事。在过去的 20 年里，我与新加坡教育界的学校领导和教师密切合作，积累了很多关于教师的故事。我相信，这些经历使我对新加坡教育体系有了更深入的理解。在国立教育学院工作期间，我有幸与新加坡各校的学校领导和教师进行交流。由于新加坡国土面积较小，通过国立教育学院的领导力培训项目，我所教过的校长占目前在职校长的一半。也许在我退休之前，我还有机会教过新加坡所有的现任校长！我非常珍惜并感激能够拥有这样的经历。

这些教育工作者与我分享了他们在学校中的宝贵经验，同时也坦诚地谈到了所面临的许多挑战。多年来，我得以近距离观察新加坡教育体系和学校的发展，这让我对新加坡的教育有了更清晰、更全面的认识。此外，我也有机会与许多海外同行进行学术交流，这让我能够以局外人的视角审视新加坡的教育体系。我非常感激这些朋友和同事，是他们帮助我形成了这种内外结合的视角，使我能够更客观地看待新加坡及其教育体系。

许多国际教育政策报告通常采用宏观视角，结论往往被总结为其他国家可以借鉴的关键成功策略。根据这些报告，新加坡可供学习的经验包括以下几点。

- 着眼长远：新加坡愿意制定并实施可能在 5 年、10 年甚至 20 年或 30 年后才显现成效的教育政策。
- 落实到位：新加坡教育部与学校保持紧密合作，以便清楚地传达教育政策意图；学校在教育部的支持下贯彻执行政策，并与整体方向保持一致。
- 协同发展：新加坡对教育大力投入，确保教育体系与社会经济发展需求相契合。
- 勇于变革：在必要时，新加坡敢于在系统层面进行大胆干预，以推动和支持进一步的变革。
- 唯才是用：新加坡的学生，无论种族、宗教背景如何，都有机会获得成功和晋升。
- 追求公平：新加坡致力于缩小学生之间的成绩差距，通过实施各种项目并建立支持机制，帮助学业困难或落后的学生迎头赶上。
- 坚持高标：新加坡秉持严格的学术标准，并实行高风险考试制度。
- 重视师资：新加坡注重聘用高素质的教师和校长（从每届毕业生中选拔成绩排名在前三分之一的优秀人才），并在教师的专业发展方面大力投资；新加坡为教育工作者规划系统的职业发展路径，并培养有潜力的教师担任领导职务。

- 崇尚教育：在新加坡，教育受到家长和全社会的重视，这为教育的进步和发展提供了强有力的支持。

- 严格监督：新加坡实行严格的学校监督机制，建立完善的学校自我评估体系，并辅以国家级的学校奖励制度；新加坡学校对年度目标的设定、实施，数据收集、评估和改进的流程非常熟悉。

- 放眼全球：新加坡善于向其他国家的教育体系学习，并灵活借鉴其经验；新加坡会派遣教育人员到海外进行考察学习，并根据国情对相关做法进行适当调整。

这些经验非常好且有帮助，似乎可以轻松应用到其他教育体系中。然而，深入了解新加坡教育的具体情况后，我们会发现其独特的限制和潜力。例如，经常有人提到新加坡聘请高素质教师的问题。许多人会问我，新加坡是如何吸引如此优秀的准教师的。实际上，这些教师并不是由学校直接招聘的。在新加坡，教师是由教育部统一招聘的。在被派往国立教育学院接受教师培训之前，准教师就已经被教育部录用。在国立教育学院接受培训期间，他们开始领取薪水，培训费用也完全由教育部承担。准教师与教育部签署一份三年合同，承诺在完成培训后在本地学校任教。教育部根据学校的需求，将经过培训的教师分配到各个学校。

由此看来，新加坡的教育体系与许多国家的教育体系有很大不同。在其他国家，教师通常需要自行承担师范培训费用，并在毕业后寻找工作。而在新加坡，教师完成培训后会被分配到学校，享有就业保障。此外，新加坡的教师在签约时选择的是一份职业，而不是某一特定的学校。他们在签约时并不知道自己将被分配到哪所学校，只知道自己将成为小学或中学教师。他们可能会被派往与自己成长环境截然不同的学校任教。因此，新加坡的教师需要具备很强的适应能力，能够与来自不同背景的学生合作，无论这些学生的家庭背景与自己有多大差异。

此外，笼统的成功经验可能掩盖了新加坡教育体系内部人际互动的复杂性和隐含的微妙张力。例如，PISA 2012 结果表明，新加坡学生的英语阅读理解能力比一些以英语为母语的国家的学生更强。如果你以游客的身份访问新加坡，你会发现无论走到哪里，都可以用英语与新加坡人交流。因此，在教学中使用英语通常被视为新加坡教育体系的一大优势。但是，在 20 世纪 60年代，许多教师无法使用英语教学。为了让英语成为新加坡的通用语言，我们付出了巨大的努力，也经历了痛苦的取舍。即使是现在，新加坡也仍致力于帮助非英语背景的学生。笼统的描述无法充分反映这一过程中的内部动态、挑战和变化轨迹。

新加坡教育体系所谓成功的关键因素，在现实中并不总是泾渭分明地呈现出积极或消极的影响，这些成功的关键因素背后蕴含着更为复杂的现实因素。事实上，某些方面甚至可能令人困惑和矛盾。例如，新加坡的学校既希望培养学生的创造力，又希望他们在标准化考试中取得优异成绩；新加坡鼓励并支持学校发展自身优势、相互竞争，但同时又实行高度集中的教育管理体制。然而，这些并非亟待解决的矛盾，而是需要我们去理解和欣赏的。事实上，正是这些矛盾所产生的张力，推动着教育的巨大变革。

矛盾与视角

本书通过剖析新加坡教育体系中的一些矛盾现象来讲述新加坡的故事。矛盾普遍存在，并能促进我们对观点或现实的理解更深层次。例如，科学家们接

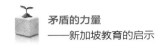

纳并理解光的波粒二象性这一矛盾现象。由此可见，很多矛盾其实有其合理性。

让我们来看看新加坡教育体系的两种截然不同的景象。一方面，新加坡以周密的规划、充足的资源确保了政策从上到下得到有效传达和落实。另一方面，一些教师却抱怨政策实施过程困难重重。那么，哪一个才是真实的情况呢？事实上，两者都是真实的！从系统层面来看，新加坡在政策规划、资源调配和实施方面表现出色，但这并不意味着每位教师都能一帆风顺。我们可以把教育体系比作一条平缓流淌的河流，从宏观层面看，坐在河边的人会说："多么平静的水面啊！"但如果你是一个水分子，身处河流之中，你的感受就会截然不同！你会被其他水分子撞击，惊呼："好乱啊！"这就是不同视角所带来的差异。现在，如果你想改变河流的流向，那么可以修建一座大坝。河流改变了方向，你的宏观干预也就奏效了。河流按照你的意愿流向了特定的方向，人们会来采访你，询问成功的关键因素。但是，如果你能观察到每个水分子的运动，那么你可能会发现很难分辨出其中的规律。同样地，从宏观角度看，一项政策刚刚改变了系统的进程，效果显著。但从微观角度看，情况则要复杂得多。那么，哪一个才是真实的情况呢？这就是矛盾之处。两种看似矛盾的现象都是真实且合理的。一项政策干预可能会影响系统运动的方向，但这并不保证每个个体的运动方向都与系统相同。事实上，有些人的经历可能与政策干预所要达到的目标恰恰相反。教育变革的复杂性体现在多层次的现实之中。

那么统计数据呢？数字不会说谎，对吧？这有一定道理。根据 PISA 结果，新加坡学生表现得相当不错。但对一些学生来说，这与他们所经历的学习困难或不理想的考试成绩相矛盾。那么，我们是否应该质疑这些数据呢？让我们来看两个班级的考试情况。甲班和乙班各有两名学生，甲班的两名学生都得 50 分，乙班的一名学生得 100 分，另一名学生得 0 分，两个班的平均分都是 50 分，但显然，这是两个截然不同的班级。大多数时候，新闻头条和排行榜只反映平均分数，这些分数能反映整体的趋势或概况，但未必能反映全貌。新加坡在 PISA 中的平均分如此之高，以至于很多观察者都没有注意到国内那些表现远低于平均水平的学生群体。不过，正如第二章的"矛盾现象二：任人唯才，仁爱包容"将会说明的，新加坡教育体系正在着手解决这个问题。如果观察者只关注新加坡的顶尖学校，那么他们就会错过本地教育体系中一些最值得称道的部分。顶尖学校为学业优秀的学生所做的事情固然重要，但是普通学校为学业困难的学生所做的努力更能体现新加坡近期的关注重点。

让我们仔细审视一些用于比较新加坡教育体系和其他教育体系的指标，以芬兰教育体系为例。新加坡媒体曾报道过芬兰成功的教育体系：在芬兰，学生直到 18 岁才参加全国性考试，而且没有私人补习——这难道不是教育的乌托邦吗？与此同时，媒体也报道了新加坡的教育体系：学生从 12 岁就开始进行高风险的标准化考试，私人补习无处不在——这难道不是教育压力锅吗？然而，在最近的一份 OECD 报告中，新加坡学生在校感到快乐的比例（87.9%）却明显高于芬兰学生（66.9%）（OECD 平均水平为 79.8%）。[7]

但是，我们不能妄下结论。我最近和一个小学生聊天，问他是否喜欢上学，他肯定地回答："喜欢。"他说他喜欢他的朋友和一些老师，我又问他在学校是否会感到有压力，他说："上体育课或课间休息时不觉得！"接着他告诉我："考试期间因为要学习所以有压力，但除此之外，上学还不错！"他快乐吗？是的。他感到有压力吗？是的。我不禁好奇，这个学生在回答调查问卷中的"在学校是否感到快乐"这个问题时会作何回答。

这并不意味着数据毫无用处。数据作为一种必要的指标，可以反映教育系统的整体表现。然而，过度概括的数据可能会掩盖系统中的其他关键因素。对于一个考试不及格的学生来说，即使整体不及格率偏低，对他而言却是百分之百的不及格。要理解这一点，需要极大的同理心，这样的同理心是必要的。即使在成功的教育体系中，也难免会有人掉队，要想帮助他们，我们必须设身处地地理解他们的感受和困难。

我们该如何解读另一组关于新加坡学生解决问题能力的统计数据呢？根据PISA 2012 测试结果，新加坡学生在解决问题的能力方面位居世界第一。[8]但是，人们不常认为他们只会死记硬背、频繁刷题的机械性学习吗？新加坡的教育体系正在经历从旧模式向新模式的转变，新旧两种截然不同的模式并存。一些教学活动已经体现出新模式的精髓，但旧模式在整体上仍占主导地位。因此，新加坡的学生中既有善于解决问题的，又有习惯死记硬背的，甚至有些学生兼具这两种特点。要想更全面地理解这种变化的微妙之处，就必须接受教育体系中多层次的现实，这些现实往往体现为看似矛盾的现象和描述。然而，这些矛盾并非完全对立、不可调和，而是像一枚硬币的两面，提供了推动变革的创造性张力，它们所产生的不和谐甚至可能激发新的教育理念。如果不从不同角度看待问题，不了解教育体系中不同层次的现实，不接纳其中的矛盾，就可能无法找到新加坡教育成功的"秘诀"。事实上，正是这些矛盾促使新加坡的教育体系不断发展并完善。

本书最后我分享了对新加坡教育体系的个人思考，我将通过实际案例和政治领导人的重要讲话①来描述变革的动态。我与许多学校领导和教师就他们对教育政策和实践的看法进行了研究。我利用这些研究项目的发现来充实本书的内容，并引用了参与研究的学校领导和教师的观点，也参考了官员、其他研究人员和国际学者的观点。但归根结底，本书的观点是我的个人视角，并非权威论述。尽管我努力做到以证据为基础，客观分析，但我也深知本书难免会受到

① 在新加坡，这些讲话实际上是政府的"官方"公告，以通俗易懂的语言传达政策文件内容，但包含大量实施细节的官方政策文件通常不对外公开。

我个人的身份、价值观和世界观的影响。

本书结构

本书共分为三章。第一章"背景与导言"，包括"新加坡的矛盾面面观""新加坡及其教育体系"；第二章"四大矛盾现象"，包括"矛盾现象一：适时而变，恒久而常""矛盾现象二：任人唯才，仁爱包容""矛盾现象三：集权管理，放权而治""矛盾现象四：少教多学，简学深悟"；第三章"四大梦想蓝图"，包括"梦想蓝图一：每所学校都是好学校""梦想蓝图二：每位学生都是积极的学习者""梦想蓝图三：每位教师都是关爱学生的教育者""梦想蓝图四：每位家长都是支持型伙伴"。本书以"新加坡教育的启示"为结语。

"新加坡的矛盾面面观"作为开篇，介绍了本书的核心观点，包括对新加坡教育体系成功的关键因素的概述。希望读者能理解新加坡成功故事中蕴含的矛盾与多层现实，认识到在不了解其背景的情况下盲目将新加坡教育体系奉为"圭臬"是有风险的。

"新加坡及其教育体系"简要介绍了新加坡的地理、社会、经济、政治和历史概况，提供了关于新加坡教育体系及其各个发展阶段的概述，以帮助我们了解该体系是如何演变到现今的状态的。

本书第二章探讨了四个特定的矛盾现象，分别是：

- 适时而变，恒久而常；
- 任人唯才，仁爱包容；
- 集权管理，放权而治；
- 少教多学，简学深悟。

为何聚焦于这四个矛盾现象？因为教育领域充满了各种矛盾，可以从不同角度解读。本书聚焦变革理念、教育公平、学校系统管理和教与学这四个核心层面，在每个层面深入剖析其中一个关键矛盾。

第一个矛盾现象是"适时而变，恒久而常"，这体现了新加坡独特的变革理念。有些事物瞬息万变，有些却亘古不变，新加坡必须摒弃曾经的成功之道，过去引以为傲的策略如今可能成为未来失败的根源。新加坡教育的目标已不再局限于考试成绩，而是转向培养具备面向未来知识、技能和价值观的年轻人。与此同时，新加坡也坚守一些核心价值观，这些价值观如锚一般，指引着新加坡人在变革的浪潮中保持方向。在成功时勇于变革，这需要勇气；在变革中懂得坚守，这需要智慧。

第二个矛盾现象是"任人唯才，仁爱包容"，这体现了新加坡在追求教育公平方面独特的制度设计。新加坡严格奉行任人唯才原则，人们的成功应建立在个人才能之上，而非种族、语言或宗教等先天因素。然而，在竞争激烈的教育环境里，部分学生难免落后。本节将阐述新加坡如何帮助这些学生迎头赶上，让他们也能有机会取得成功。新加坡的任人唯才制度并非冷漠无情，政府融入了更多人文关怀，致力于让这一制度更加人性化。

第三个矛盾现象是"集权管理，放权而治"。新加坡的教育体系兼具集权与放权的特点，集权是为了实现系统层面的协调，放权则是为了让每所学校都能够灵活应对各自学生的需求，为学生提供个性化的教育。我称这种模式为"集权管理，放权而治"。本节将阐述新加坡学校领导如何巧妙地平衡体制要求与学校自主性，学校如何在竞争中寻求合作，以及教育工作者如何在承担重大责任的同时保持高度的专业自主性与责任心。

第四个矛盾现象是"少教多学，简学深悟"。新加坡教育的目标是精简教学内容，让学生能够更深入地学习。本节剖析了新加坡教师过去"满堂灌"的教学模式，以及如今如何从注重教学数量转向注重教学质量。这一转变旨在鼓励教师反思教学方法，提高学生的主动学习能力。新加坡的教育改革不仅着眼于结构调整，而且致力于提高课堂内师生互动的质量，从而提升学生的学习效果。

本书第三章阐述了新加坡教育体系的四个愿景。这四个愿景最初由时任教育部部长王瑞杰在 2012 年教育部工作计划研讨会上提出[9]，具体如下：

- 每所学校都是好学校；
- 每位学生都是积极的学习者；
- 每位教师都是关爱学生的教育者；
- 每位家长都是支持型伙伴。

这四个愿景分别代表了新加坡教育体系的四个梦想蓝图，这些梦想蓝图共同构成了教育体系正在努力实现的愿景。这一愿景并非以具体可衡量的目标来表达，而是关乎思维方式的转变以及对教育本质的持久坚守。我认为，这四个梦想蓝图为探讨新加坡教育体系的未来发展方向提供了绝佳的框架。

新加坡的第一个梦想蓝图：每所学校都是好学校。尽管新加坡没有所谓的"差学校"，但家长仍热衷于让孩子进入名校。那么，一个国家如何让所有公民都认可"孩子就读的任何一所学校都是好学校"这一理念呢？本节探讨了与"每所学校都是好学校"相关的议题和挑战，以及新加坡为实现这一梦想蓝图所付出的努力。

新加坡的第二个梦想蓝图：每位学生都是积极的学习者。新加坡学生虽然通常勤奋好学，考试成绩优异，但也承受着相当大的压力，可能无法真正享受学习的过程。本节探讨了新加坡教育体系如何尝试在高风险考试和学业压力下营造积极的学习环境。这或许是教育改革中最具挑战性的方面之一。

新加坡的第三个梦想蓝图：每位教师都是关爱学生的教育者。新加坡以其高素质的教师队伍而闻名，教师们勤勉敬业，关爱学生。然而，他们也承受着巨大的工作负担和压力。在新加坡，关爱学生不仅是个人的意愿或行为，还是整个教育工作者群体的共同努力。本节探讨了教育体系如何为教师提供支持，使每位教师都能以可持续的方式成为关爱学生的教育者。

新加坡的第四个梦想蓝图：每位家长都是支持型伙伴。新加坡家长非常重视教育，但随着社会的现代化，他们对学校的期望也在不断提高，对教育方式的看法也日益多元化。一些学校发现，应对家长的期望并满足他们的需求变得越来越困难。家长对孩子的考试成绩感到焦虑，而这种焦虑不利于孩子的全面发展。本节探讨了新加坡如何努力让家长更深入地参与教育，并改变他们对教育成功的看法。

本书以"新加坡教育的启示"结尾，探讨了从新加坡教育改革经验中提炼出的宝贵经验。笔者在该部分提出的观点是：这些经验不仅关乎新加坡的政策与实践，更在于新加坡如何巧妙地利用自身内在的矛盾现象来推动变革。新加坡致力于实现有意义且长远的教育改革，展现了坚定的承诺与不懈的韧性。然而，每个国家或地区都有其独特性，大家需要找到适合自己的发展道路。教育的现状反映了社会的价值体系，而教育变革通常源于社会对自身的深刻反思。

参考文献

1 Organization for Economic Cooperation and Development (OECD) (2013). *PISA 2012 Results in Focus: What 15-Year-Olds Know and What They Can Do with What They Know*. Paris: PISA, OECD Publishing.

2 Ng, J. Y. (2015, May 14). Singapore tops OECD's global education ranking: Report. Retrieved from http://www.channelnewsasia.com/news/singapore/singapore-tops-oecd-s/1843546.html.

3 Ministry of Education (MOE) (2015, August 11). Outstanding Performance by Singapore

at the 2015 International Science and Mathematics Competitions. Press Release. Retrieved from http://www.moe.gov.sg/media/press/2015/08/outstanding-performance-by-singapore-at-the-2015-international-science-and-mathematics-competitions.php.

4　Ministry of Education (MOE) (2015, August 6). Singapore Team Wins 27th World Schools Debating Championship. Press Release. Retrieved from http://www.moe.gov.sg/media/press/2015/08/singapore-team-wins-27th-world-debating-championship.php.

5　WorldSkills Singapore (2014, October 28). Singapore Garners Six Gold Medals at the 10th ASEAN Skills Competition in Hanoi, Vietnam. Press Release. Retrieved from https://www.worldskills.sg/wp-content/uploads/2014/10/ASC-2014-News-Release-final.pdf.

6　Teng, A. (2016, January 5). Over half of IB top scorers from S'pore. *The Straits Times*, p. B4.

7　Organization for Economic Cooperation and Development (OECD) (2013). *PISA 2012 Results: Ready to Learn: Students Engagement, Drive and Self-Beliefs* (Volume 3). Paris: PISA, OECD Publishing.

8　Organization for Economic Cooperation and Development (OECD) (2014). *Results from PISA 2012 Problem Solving: Country Note: Singapore*. Paris: PISA, OECD Publishing.

9　Heng, S. K. (2012, September 12). Keynote Address by Mr Heng Swee Keat, Minister for Education, at the Ministry of Education Work Plan Seminar, at Ngee Ann Polytechnic Convention Centre, Singapore.

新加坡及其教育体系

大多数国际游客对新加坡的第一印象往往来自樟宜国际机场。作为现代化和旅客友好型设施的典范，这个自 20 世纪 80 年代以来荣获 400 多个奖项的机场，展现出了新加坡的独特魅力。

樟宜国际机场的布置非常精美，商店、餐馆和卫生间的设计合理且布局有序，还有一个两层的蝴蝶园，栖息着美丽的蝴蝶，种植着胡姬花。此外，机场内设有游戏区，方便疲惫的父母让孩子玩耍。樟宜国际机场全区域覆盖免费无线网络，即使不乘飞机，这里也是新加坡人与家人共度美好一天的好去处。然而，这一切并不仅仅是表面上的美观或设施便利。更重要的是，这个机场高效运转且井然有序。就像运转顺畅的时钟一样，从乘客办理登机手续到飞机起飞，机场的每个环节都展现出自信与效率。机场内有超过 200 名携带平板电脑的"樟宜体验大使"，随时为迷路的访客提供微笑服务。从某种程度上来说，樟宜国际机场反映了新加坡的面貌，向世界展示了这个国家的精神。它将技术与人性完美融合，充满了独特的魅力。

岛国新加坡

新加坡并非一直如此。1819 年，史丹福·莱佛士（Stamford Raffles）爵士在岛上建立了一个英国港口，从此新加坡成为以转口贸易为主的英国殖民地。第二次世界大战期间，新加坡于 1942 年至 1945 年被日本占领，战后恢复英国统治。1959 年，虽然新加坡仍是英国殖民地，但已获得自治地位。1963 年，新加坡与马来亚联邦合并，成立马来西亚。然而，由于两国政府之间的政治分歧，1965 年 8 月 9 日，新加坡脱离马来西亚，成为一个独立的主权国家。在 20 世纪 60 年代，新加坡经历了一段艰难时期，社会动荡不安，失业率居高不下，住房严重短缺，教育水平普遍较低。那时，新加坡踏上了国家建设的道路，最初的重点是快速推动工业化、发展住房建设、加强军事防御，并投资基础教育。工业化的起步是通过建立生产服装、纺织品、玩具和木制品等基本商品的工厂实现的，政府积极吸引外国投资者，鼓励他们发展以出口为导向的产业。到 20 世纪 70 年代，这些努力开始显现成效。接下来的几十年里，新加坡经济迅速发展，工厂如雨后春笋般涌现，技术人才也不断增加。各行业逐渐向高科技和高附加值方向升级，多元化发展，新加坡的经济结构日益复杂，涵盖了跨国公司和本地中小企业等不同主体。随着土地和工资成本的上升，新加坡必须逐步提升产业水平，迈向价值链的更高端，专注于发展高科技产业和高端服务业。新的增长领域包括制药生物技术、医疗技术等产业，以及银行、医疗保健等服务业。

新加坡的经济快速发展离不开政府的关键作用，政府的经济机构高效地执行了国家规划中的各项经济政策。新加坡的经济模式基于几个核心原则：财政纪律、良好治理、法治以及被广泛认可的社会共识。尽管新加坡国土面积有限，缺乏自然资源，并且在建国初期面临诸多挑战，但它在短短 50 年内成功实现了经济转型，赢得了世界的关注。

1978 年 11 月，邓小平访问新加坡，他在这次访问中目睹的新加坡成就，对中国经济发展政策的调整产生了深远影响。新加坡的成功为中国设立经济特区、开放贸易和吸引外资提供了重要参考，也为中国于 2001 年加入世界贸易组织奠定了基础。据传，访问期间，尽管时任新加坡总理李光耀不喜欢烟味，但他仍在通风良好的会议室为有吸烟习惯的邓小平准备了一个烟灰缸和痰盂。然而，邓小平并未吸烟，也没有使用痰盂，双方彼此间表现出高度的尊重。[1]1992 年邓小平在广东省考察时明确指出，中国应向世界学习，尤其是向新加坡学习。新加坡因社会秩序良好和治理严格而闻名，每年都有大量中国高级官员赴新加坡参加南洋理工大学的"市长班"培训。2015 年，在巴黎举办的联合国气候变化大会上，新加坡担任公正调解人的角色，协助各方达成共识。尽管国土面积小，但新加坡依然在国际舞台上发挥着不可忽视的作用。

自 1965 年独立以来，新加坡实现了令人瞩目的发展。曾经作为转口贸易中心的滨水区，如今被现代化的地标建筑所取代，例如滨海湾金沙综合度假胜地，内设名厨餐厅和位于 57 层、种满棕榈树、俯瞰城市天际线的无边泳池。这座曾饱受战争创伤的岛屿，如今已成为世界一级方程式锦标赛的举办地。全球首场夜间一级方程式赛事现已成为最具吸引力的比赛之一，向全球数百万观众展示新加坡璀璨的夜景。这座享有"花园城市"美誉的岛屿正蓄势待发，准备再次自我重塑。2013 年的城市规划总蓝图描绘出一座绿色、健康、互联的城市，规划内容包括建设环保市中心、打造贯通的滨水步道、确保大多数住宅距离公园不超过 400 米、构建城镇内的自行车车道网络，并保护文化遗产区。此外，规划还包含新机场航站楼和深水港的建设，以进一步推动城市发展。

从地理上看，新加坡实际上只是一个小岛，位于东南亚，坐落在马来半岛的南端。这个国家的人口约 530 万，陆地面积仅约 700 平方公里。通过持续的填海工程，新加坡的陆地面积已经从 20 世纪 60 年代的约 580 平方公里扩大到如今的规模，预计到 2030 年可能扩大至 800 平方公里。

对于来自大国的人来说，可能很难想象这个国家有多小。我参加研讨会时，经常与外国与会者打趣道，降落新加坡时机长稍微多飞五分钟，可能就进入别国领空了。新加坡没有国内航班服务。相比之下，如果你生活在美国、加拿大、中国或澳大利亚这样的大国，在笔直的高速公路上以每小时 100 公里的速度行驶一个小时，可能仍在途中，尚未到达任何一个具体地点或目的地。而在新加坡，即使你不顾快速公路上每小时 90 公里的限速，并以每小时 100 公里的速度直线行驶（在高峰时段几乎不可能做到），无论你从哪里出发，半小时内都会掉进海里，新加坡就是这么小。

政府统计数据显示，2014 年新加坡的人口构成包括 74.3% 的华人、13.3% 的马来人、9.1% 的印度人和 3.3% 的其他族群，各族群拥有各自的母语。[2] 此外，新加坡还是一个多宗教国家，主要的宗教信仰包括佛教、伊斯兰教、基督教、天主教、道教和印度教。

新加坡是一个实行议会民主制度的民主共和国，政治体制大体上沿袭了英国的模式，大选每五年举行一次。自 1965 年独立以来，新加坡的人民行动党一直是执政党。李光耀是新加坡首任总理，1990 年由吴作栋接任；2004 年，李显龙继任总理，接替吴作栋。在 2011 年大选中，人民行动党获得了 60.14% 的选票，到了 2015 年，则获得了 69.86% 的选票。

自 1965 年独立以来，新加坡创造了全球最令人瞩目的经济增长奇迹之一。从 1960 年到 2010 年，新加坡的国内生产总值年均增长率达 8%。在 20 世纪 60 年代初期，新加坡的人均 GDP 不到 500 美元，这一数字在 1970 年增长到 900 美元，1980 年增长至 5000 美元，1990 年达到 13000 美元，2000 年跃升至 24000 美元，2010 年达到 47000 美元，增长速度令人惊叹。到 2014 年，新加坡的人均 GDP 已达到 56000 美元，跻身世界人均 GDP 排名前十的国家之列。同时，新加坡 15 岁及以上居民的识字率高达 96.7%。[3]

由于缺乏自然资源，新加坡将人力资源视为自身在全球市场中的核心竞争力。凭借这一优势，新加坡在高科技和高附加值服务行业中与其他国家展开竞争。

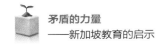
新加坡的教育体系

新加坡的教育体系由大约 370 所学校和 50 万名学生组成，其中绝大多数为公立学校。新加坡学生通常接受六年的小学教育，之后是四到五年的中学教育。中学毕业后，学生可以选择升入初级学院、工艺教育学院或理工学院，最终进入大学。如需了解更多信息，读者可以随时访问新加坡教育部网站。[4] 近年来，新加坡的教育体系逐渐从统一化模式转向更加多样化的模式，这一变化旨在为学生提供更多灵活性，使每位学生都能找到适合自己的发展路径并取得成功。

在行政管理方面，新加坡所有公立学校均由教育部统一管理。全国的学校被划分为东、西、南、北四个分区，每个分区由一名分区司长负责。每个分区进一步细分为约七个校群，每个校群由一名校群督导负责。一个校群通常有 12 到 13 所学校，包括小学、中学和初级学院。校群督导负责培养、指导并监督校群内所有学校的校长和领导团队。校群制度鼓励成员学校之间建立紧密的网络，分享资源并合作，以提升整体教育质量。

新加坡教育界各部门紧密联系，社会资本相对丰厚。[5] 教育体系内的专业人员会定期且有计划地在不同部门之间轮换，包括教育部、国立教育学院以及各个院校。这种动态流动有助于在政策制定者、学术界和教育工作者之间建立更加顺畅的沟通、协调与理解机制，这种做法在其他国家并不常见。[6]

政府在教育上的投入非常可观，教育经费在财政支出中仅次于国防开支。然而，作为 GDP 的一部分，新加坡的教育支出却低于 OECD 的平均水平。对此，前教育部部长王瑞杰作出以下解释：[7]

> 在过去五年里，新加坡的教育支出增长了 40%，从 2007 财年的 75 亿

新元增至 2012 财年的 105 亿新元，相当于 GDP 的 3.1%，并占政府总支出的 20% 以上。尽管 OECD 国家和地区及其他顶尖教育体系（以 PISA 成绩衡量）的教育支出占 GDP 的比例较高，通常达到 4%—7%，但这些国家的政府税收和支出占 GDP 的百分比较高，教育支出仅占其政府总支出的约 13%，远低于新加坡的比例。

从某种角度来看，新加坡学生的优异表现表明，新加坡没有在教育体系中过度投入，反而是充分且高效地利用了现有资源。尽管教育经费充足，学校领导在财务管理上依然需要保持审慎。新加坡的教育体系通常能够确保投入与回报相符，使每一分钱都用得其所，从而取得良好的效果。

新加坡的教育体系旨在帮助学生树立自信，发掘潜能，同时激发终身学习的热情。根据《义务教育法》（*Compulsory Education Act*），所有 6 岁至 15 岁的新加坡学生必须接受小学教育。此外，新加坡的公立教育费用相对低廉。

新加坡的小学教育通常从七岁开始，分为两个阶段：四年的基础阶段（小学一年级到四年级）和两年的过渡阶段（小学五、六年级）。为了给学生提供全面的学习体验，小学课程涵盖了三个主要方面：学科知识、认知技能和品格发展。学科知识包括语言（英语和母语）、数学、科学（从三年级开始教授）、人文和艺术。学生通过学习不同科目和参与各种项目培养认知技能，认知技能的培养帮助学生提升思维能力和沟通能力。品格发展则通过师生互动、品格与公民教育、课外活动以及体育课等途径实现。

鉴于每位学生的资质、能力和天赋各有不同，教育部于 2008 年推出了科目编班制。小学五年级和六年级的学生可以根据自己的学科强项，在不同科目中选择普通或基础水平的课程，从而获得更灵活、个性化的学习体验。比如，如果一个学生在英语和母语方面表现优异，而在数学和科学方面稍显不足，那么他可以选择英语和母语的普通水平课程，同时选择数学和科学的基础水平课程。这样学生既能在擅长的科目上继续提升，又能在较弱的科目上夯实基础。

更具体地说，在小学四年级结束时，学校会根据学生的校内考试成绩，为他们推荐一个适合自身的科目组合。家长需填写选科表，明确孩子在小学五年级时将要学习的科目组合。小学五年级结束时，如果学生在一门或多门基础科目上表现优异，那么学校可能允许他们在六年级修读这些科目的普通水平课程。而选择普通水平课程的五年级学生若在某些科目上遇到困难，学校则可能建议他们在六年级选择基础水平课程。[8]

学生完成六年的小学教育后，将参加全国统一的标准化考试，即小学离校考试（Primary School Leaving Examination，PSLE，以下简称小六会考）。小六会考经常成为媒体和公众讨论的焦点，因为它被认为会给学生带来压力，并让家长感到焦虑（详见第三章的"每位学生都是积极的学习者""每位家长都是支持型伙伴"）。教育部鼓励学生和家长在小六会考成绩公布后，选择一所最符合学生学习需求且离家较近的中学。每位学生需要按照偏好程度依次填报六所志愿学校，最终的录取情况将由成绩和志愿学校顺序决定。通常，成绩越好的学生越有可能进入他们心仪的中学。

这一过程也有例外。为鼓励有特殊才能的学生将更多时间和精力投入天赋发展，教育部于 2004 年引入中学直接招生计划（Direct School Admission-Secondary，DSA-Sec）。开放直接招生计划申请的中学可以根据学校自定的标准，在学生参加小六会考前，依据他们在学业成绩以外的才华与潜力录取一定数量的学生。被直接招生计划录取的学生在小六会考成绩公布后不能转学，他们必须履行对已分配学校的承诺。然而，大多数六年级学生仍将在小六会考成绩公布后通过常规程序进行中学分配。新加坡小学教育的概述见图 2.1。

完成六年的小学教育后，学生将进入中学阶段，学校会根据他们的小六会考成绩安排相应的课程，课程有快捷课程、初级（学术）课程或初级（工艺）课程。虽然学生最初会在特定课程中开始中学教育，但他们有机会根据成绩在中途转入更适合其进度的课程。例如，中学一年级在初级（学术）课程中表现优异的学生，可以在中学二年级转入快捷课程。新加坡中学教育和中学后教育的概述见图 2.2。

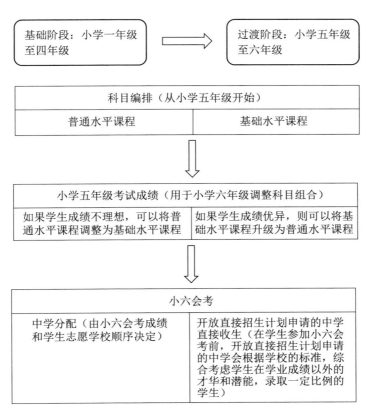

图 2.1 新加坡小学教育概述

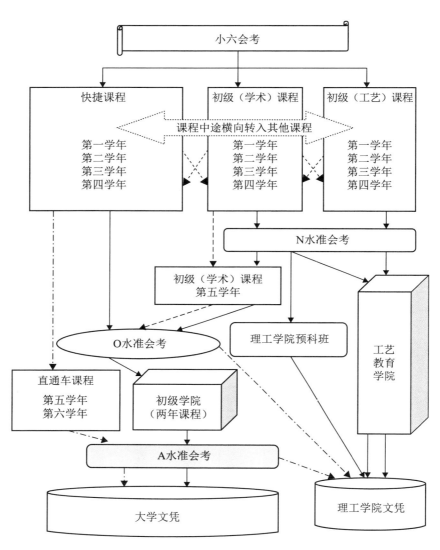

图 2.2　新加坡中学教育和中学后教育概述

修读快捷课程的学生需完成四年的学习，最终参加新加坡剑桥普通教育证书普通水准会考（General Certificate of Education Ordinary Level Examination,

GCE 'O' Level Examination，以下简称 O 水准会考）。修读初级（学术）课程或初级（工艺）课程的学生同样需要完成四年的课程，最终参加新加坡剑桥普通教育证书初级水准会考（General Certificate of Education Normal Level Examination，GCE 'N' Level Examination，以下简称 N 水准会考）。如果修读初级（学术）课程的学生在 N 水准会考中表现优异，他们可以继续学习一年，然后参加 O 水准会考。

作为全面教育的一部分，中学生必须参加至少一项学校提供的课程辅助活动，这些活动包括体育、艺术和制服团体 [1] 等。课程辅助活动是全面教育的重要组成部分，有助于培养学生的自信心、适应能力和坚韧不拔的精神。这些活动的表现也可以作为学生下一阶段升学的参考依据。

学生完成四至五年的中学教育后，将参加 O 水准会考。成绩优秀并达到标准要求的学生可以选择申请就读初级学院或理工学院。初级学院提供两年制的大学预备课程，学生在课程结束后将参加新加坡剑桥普通教育证书高级水准会考（General Certificate of Education Advanced Level Examination，GCE 'A' Level Examination，以下简称 A 水准会考）。理工学院提供为期三年的课程，旨在为学生直接进入职场做好准备。一些理工学院的学生在完成学业后，如果成绩优异，还可以申请大学继续深造。

在新加坡，大多数中学生会在继续接受中学后教育之前完成 O 水准会考。然而，学术成绩优异的学生如果参加直通车课程（也称综合课程），就可以跳过 O 水准会考，直接进入初级学院。直通车课程由教育部于 2004 年推出，目的是通过学术和非学术课程，全面培养学术能力较强的中学生。这些学生无须准备 O 水准会考，而是参与更加丰富多样的课程。在高二学年参加 A 水准会考之前，提供直通车课程的学校通过校内评估来监测学生的表现。

---

[1]　制服团体强调团队合作与纪律，成员们穿着统一制服参与活动。

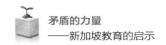
修读初级（工艺）课程的学生在完成 N 水准会考后，可以选择报读工艺教育学院。工艺教育学院面向动手学习能力较强的学生，学生通过一到两年的行业相关课程学习和各类行业实习，进一步发展才能与技能。多年来，理工学院和工艺教育学院与各行业建立了紧密合作关系，给学生提供符合职场需求的实践性学习机会。如今，越来越多的雇主青睐理工学院和工艺教育学院的毕业生。

新加坡教育体系的发展阶段

自 20 世纪 60 年代以来，新加坡的教育体系经历了几个重要的发展阶段。随着全球社会、政治、经济和技术领域的形势不断变化，新加坡的教育重点也在不断调整。总体而言，新加坡教育体系的发展分为三个主要阶段：[9]

- 教育标准化阶段（20 世纪 60 年代中期至 20 世纪 80 年代中期）；
- 绩效责任制阶段（20 世纪 80 年代中期至 20 世纪 90 年代中期）；
- 多元化与创新阶段（20 世纪 90 年代中期至今）。

从 20 世纪 60 年代中期到 20 世纪 80 年代中期，新加坡经历了教育标准化阶段。在这个阶段的早期，新加坡面临的主要挑战是生存。彼时，人民生活贫困，失业率高，经济主要依赖港口和仓储业，难以支撑国家的长远发展。因此，新加坡迫切需要扩大工业基础，吸引外国制造商，创造就业机会，推动经济向出口导向型转型。然而，当时大多数居民是文盲，缺乏职业技能。教育体系存在根本性弱点，学校标准低下，课程低效，组织效率不佳。在这段艰难时期，国家的首要任务是迅速扩展基础教育，为工业化进程培养劳动力。为提高教育质量，政府将原本由各族群或宗教团体创办的学校纳入统一的教育体系，由政府进行管理和资助，并在全国范围内建设新学校。此外，政府还引入双语政策，要求所有学生学习英语，同时学习母语。数学和科学课程用英语授课。然而，当时的教育质量相对较差。20 世纪 70 年代初，只有 35% 的小学一年级学生在 10 年后能够通过三门或以上的 O 水准会考。

20 世纪 70 年代末，政府对教育体系进行了全面审查，最终于 1979 年出台了具有里程碑意义的《吴庆瑞报告书》(*Goh Report*)。[10] 报告指出了学生过早辍学、全国考试不及格率高以及毕业生识字率低等问题，还揭示了教育质量不均衡和学校管理不专业的现象。[11] 根据报告的建议，教育部从小学三年级结束和中学一年级开始实施分流制度，目的是根据学生的不同学习进度，提供更适合他们的学习节奏，同时也使教师更容易教授进度相似的班级。与此同时，学校管理、课程设置和工作流程都进行了重大改革。教育部引入了绩效模式，确保学校达到规定的标准。1980 年，教育部还引入了由督学团负责执行的学校评估制度。为了支持国家建设和工业化进程，教育体系实现了集中化和标准化。[12] 政府积极管理学校，以确保国家目标的实现。在当时，教育体系的集中化和标准化是战略需求。

从 20 世纪 80 年代中期到 20 世纪 90 年代中期，新加坡的教育体系进入了绩效责任制阶段。[13]1985 年的全球经济危机是促成这一转变的关键因素之一。这场危机对新加坡造成了严重的冲击，暴露出一个问题：虽然新加坡成功建立了工业经济模式，但这种模式难以在长远发展中维持。为应对这一挑战，新加坡必须发展高附加值的科技和服务行业。1986 年，经济委员会发布的报告提出了这一策略。[14] 为了配合新的经济方针，教育体系也需要进行改革，过去的标准化教育模式已不能满足 20 世纪 90 年代的需求。

在绩效责任制阶段，教育体系的重点是通过将部分决策权、职责和绩效责任从教育部下放至学校，以提高效率和效果。教育改革的目标是支持国家从劳动密集型经济向资本密集型经济和技能密集型经济转型。虽然整个体系仍以国家集权管理为主，但逐渐显现出放权的趋势。学校在课程设计和教学方法上获得了更多自主权，但仍需对结果负责。1986年，一些表现优异的学校被指定为自主学校，允许自行招聘或解雇领导和教师、管理财务项目、制定学费标准，并决定学生的录取条件。尽管如此，大多数自主学校依然要遵循教育部制定的统一指导方针。1992年推出的学校排名制度是这一阶段的重要举措之一。各大报纸开始刊登学校表现排行榜，背后的理念是通过学校之间的竞争来提升整体教育水平。同时，家长和学生可以依据这些排名信息做出更加明智的选择。随着竞争的加剧，学校纷纷寻找方法凸显自身优势，并进行自我宣传。

多元化与创新阶段始于20世纪90年代中期，政府在遵循国家政策和质量保障框架的同时，继续赋予学校更多的自主权。我将这种看似矛盾的现象称为"集权管理，放权而治"，并将在第二章的"矛盾现象三：集权管理，放权而治"中详细探讨。尽管上一阶段的教育发展取得了显著成效，但1997年的亚洲金融危机再次表明全球正迈向知识经济时代，新加坡必须做出改变。国家间的竞争规则正在被重新定义，各国的竞争优势将越来越依赖于创造力和创新能力。然而，经过前几个阶段的演变，新加坡的教育体系在很大程度上已形成对标准化的依赖[15]，尤其是对教育部指示和外部评估的依赖。新加坡如果继续沿用20世纪80年代的成功模式，那么进入21世纪将是灾难性的。国家迫切需要提升创新能力，并为年轻人提供更多的教育选择。新加坡的教育体系必须进行范式转变，这标志着多元化与创新阶段的开启。

这一新阶段始于1997年"思考型学校，学习型国家"国家愿景的启动。该愿景由时任总理吴作栋提出，旨在打造一个全国性的学习型环境。"思考型学校"致力于构建一个培养创造性思维技能、终身学习热情和国家责任感的学校系统；而"学习型国家"致力于将学习融入国家文化，促进整个社会创造力与创新力的发展。[16]"思考型学校，学习型国家"源于对教育的深刻反思，旨在应对科技进步、竞争加剧和全球化带来的挑战，并引领后续的全国性教育举措。1997年推出的"国民教育"，旨在培养年轻人对国家的认同感，培养年轻人的团结精神和共同归属感。同年还推出了为期五年的"资讯科技教育总蓝图"（Information Technology Masterplan in Education，简称总蓝图1），目的是为每所学校营造科技辅助的学习环境。教育体系开始更加重视创造力、创新力和创业精神的培养。如今，学生更多地参与实际项目的学习，并锻炼解决高阶思维问题的能力。

为促进多元化和创新，教育体系进行了多项结构性改革，尤其是在1997年引入了校群制度，旨在促进学校间的经验分享。教育部委任具有丰富治校经验的校长担任校群督导，以顾问角色指导各校校长，在行使更多自主权的同时推动以学校为本的改革。2000年，教育部废除了视察制度，取而代之的是"卓越学校模式"的自我评估系统。[17]学校现在可以自行设定目标，每年评估目标进展情况，并由外部团队每五年对评估结果进行验证。2004年，学校排名制度改为分级制度，并于2012年废除，以进一步强调全面教育。

2005年，教育部提出了"少教多学"（Teach Less, Learn More）方针，通过改变课程和教学法，更深入地激发学生的学习兴趣。尽管新加坡的教育取得了成功，但年轻学生面临的学习负担过重，他们承受着学习压力，缺乏内在的学习动力。"少教多学"实际上是教育部的明确表态，旨在将教育的重点从"量"转向"质"。[18]在接下来的十年内，教育部推出了多项举措，以提升各级教育的质量。例如，2009年和2010年分别成立了小学教育检讨及实施委员会[19]（Primary Education Review and Implementation，PERI）和中学教育检讨及实施委员会[20]（Secondary Education Review and Implementation，SERI），对现有中小学教育进行审查，以长期改善教育质量。这两个委员会提出的建议塑造并引导了多项改革举措，旨在满足学生的学习需求和教师的专业发展。学习空间经过重新设计，不仅支持小学的单班制教学和更多类型的活动，同时还为中学生引入更多的学习途径，以适应不同学生的需求、学术能力和资质。

2014 年，教育部采用了 21 世纪技能和学生学习成果框架。[21] 该框架整合了之前开发的更全面的教育方法，旨在帮助学生掌握如创造力、创新力、跨文化理解和韧性等适应生活所必需的技能。2015 年，教育形式的扩展以"技能创前程"计划的形式推出，旨在从学校阶段开始鼓励终身学习，并提倡在成年阶段提升和深化技能。

总结

将新加坡教育体系的发展划分为三个阶段只是简单的概述，实际的演变过程远比这复杂，这些阶段难以准确概括历史与社会动态。在实际情境中，新加坡的教育体系往往同时具备各阶段的特征，只是某些特征更为显著。

假如这本书是在几十年前撰写的，那么对新加坡教育体系的描述会简单得多，当时的学习路径非常明确。例如，学生在中学阶段只能根据小六会考成绩被分配到三条主要路径中的一条，而且几乎没有机会改变方向。然而，近年来，教育界的努力大大推动了教育体系的多元化，拓宽了学生的学习路径。直接招生计划和直通车课程作为非常规学习路径，是连接教育体系各部分的良好范例。这些路径让新加坡的教育体系变得更加多样且复杂，同时也增加了管理的难度。

新加坡教育体系在时代的推动下不断发展，这一过程需要智慧与勇气。下一章将对此展开探讨。

参考文献

1 Vogel, E. F. (2011). *Deng Xiaoping and the Transformation of China*. Cambridge, MA: Belknap Press of Harvard University Press.

2 Department of Statistics Singapore (2015). *Yearbook of Statistics Singapore*. Singapore: Department of Statistics. (One can also access such publicly available statistics at http:// www.singstat.gov.sg).

3 Department of Statistics Singapore (2015). *Yearbook of Statistics Singapore*. Singapore: Department of Statistics.

4 Ministry of Education, Singapore. Retrieved from https://www.moe.gov.sg/.

5 Hargreaves, A., Shirley, D., & Ng, P. T. (2012). Singapore: Innovation, communication, and paradox. In A. Hargreaves & D. Shirley, *The Global Fourth Way: The Quest for Educational Excellence* (pp. 71−91). Thousand Oaks, CA: Corwin.

6 Ng, P. T. (2016). Whole systems approach: Professional capital in Singapore. In J. Evers & R. Kneyber (Eds.), *Flip the System: Changing Education from the Ground Up* (pp. 151−158). New York: Routledge.

7 Heng, S. K. (2013, October 21). Government Expenditure on Education. Parliamentary Replies. Retrieved from http://www.moe.gov.sg/media/parliamentary-replies/2013/10/ government-expenditure-on-education.php.

8 Ministry of Education (MOE) (2015). *For Primary Schools: Subject-Based Banding: Catering to Your Child's Abilities*. Singapore: MOE Communications and Engagement Group. Retrieved from http://www.moe.gov.sg/education/primary/files/subject-based-banding.pdf.

9 Ng, P. T. (2008). Quality assurance in the Singapore education system: Phases and paradoxes. *Quality Assurance in Education*, 16(2), 112−125; Ng, P. T. (2010). The evolution and nature of school accountability in the Singapore education system. *Educational Assessment, Evaluation and Accountability*, 22(4), 275−292.

10 Goh, K. S. & Education Study Team (1979). *Report on the Ministry of Education 1978*. Singapore: Singapore National Printers.

11 Wee, H. T. & Chong, K. C. (1990). 25 years of school management. In J. Yip & W. K. Sim (Eds.), *Evolution of Educational Excellence: 25 Years of Education in the Republic of Singapore* (pp. 31−58). Singapore: Longman.

12 Sharpe, L. & Gopinathan, S. (1996). Effective island, effective schools: Repairing and restructuring in the Singapore school system. *International Journal of Educational Reform*, 5(4), 394−402.

13 Ng, P. T. (2008). Quality assurance in the Singapore education system: Phases and paradoxes. *Quality Assurance in Education*, 16(2), 112–125; Ng, P. T. (2010). The evolution and nature of school accountability in the Singapore education system. *Educational Assessment, Evaluation and Accountability*, 22(4), 275–292.

14 Economic Committee (1986). *The Singapore Economy: New Directions*. Singapore: Ministry of Trade and Industry.

15 Ng, P. T. (2008). Quality assurance in the Singapore education system: Phases and paradoxes. *Quality Assurance in Education*, 16(2), 112–125.

16 Goh, C. T. (1997, June 2). *Shaping Our Future: Thinking Schools, Learning Nation*. Speech by Prime Minister Goh Chok Tong at the Opening of the 7th International Conference on Thinking, Suntec City Convention Centre Ballroom. Retrieved from http://www.moe.gov.sg/media/speeches/1997/020697.htm.

17 Ng, P. T. (2003). The Singapore school and the school excellence model. *Educational Research for Policy and Practice*, 2(1), 27–39.

18 Ng, P. T. (2008). Educational reform in Singapore: From quantity to quality. *Educational Research for Policy and Practice*, 7(1), 5–15.

19 Ministry of Education (MOE) (2009, April 19). Government Accepts Recommendations on Primary Education—Changes to be Implemented Progressively Over the Next Few Years. Press Release. Retrieved from http://www.moe.gov.sg/media/press/2009/04/government-accepts-recommendat.php.

20 Ministry of Education (MOE) (2010, December 28). Strengthening Social-Emotional Support for Secondary School Students—Release of Secondary Education Review and Implementation (SERI) Committee's Report. Press Release. Retrieved from http://www.moe.gov.sg/media/press/2010/12/strengthening-social-emotional-support-secondary-school-students.php.

21 Ministry of Education (MOE) (2014, April 1). Information Sheet on 21st Century Competencies. Press Release. Retrieved from http://www.moe.gov.sg/media/press/2014/04/information-sheet-on-21st-century.php.

第二章

四大矛盾现象

Chapter 02

矛盾现象一：适时而变，恒久而常

新加坡意识到，过去的成功方式在未来可能不再奏效。

如果你与新加坡的教师交流，他们可能会告诉你教育体系一直在不断变化。然而，他们也许会感叹，有些事情却始终如故！这反映了新加坡的一个矛盾特征：它既是一个不断变化的国家，又是一个坚守传统价值观的国家。新加坡一直在追求适时的变革，但同时也珍视某些不变的原则。新加坡是一个变化与延续同等重要的国家。

适时而变

新加坡的教育体系在全球教育体系排名中名列前茅。按照这些标准，新加坡教育被广泛认为是成功的，且似乎已经找到了成功的秘诀。其他国家也纷纷前来向新加坡"取经"。新加坡以其内容丰富的课程、指导式的教学和机械式学习而闻名。然而，无论新加坡过去的成功秘诀是什么，这个国家似乎正在摒弃教育体系中的这些特点，即便这些特点让新加坡获得卓越的国际排名。

新加坡正在改革其教育体系。树立正确的价值观、培养创新力、以学生为中心、实行全面教育才是新的口号。但是，一个如此成功的教育体系为何需要不断变革呢？为何要放弃成功的秘诀呢？我联想到讽刺小说《是，首相》（*Yes, Prime Minister*）中那位高级公务员汉弗莱·阿普比爵士（Sir Humphrey Appleby）的话。他指出，一个人不会踢开自己爬上来的梯子，尤其是在他仍然站在梯子上的时候。当然，他所指的是英国政客。他的意思是，政客们不会

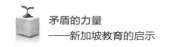
"勇敢"地放弃那些让他们获得成功的决策，至少在他们任职期间不会这样做。这难道不是常识吗？然而，新加坡似乎正在踢掉自己用以获得成功的"梯子"，我们要问的就是为什么？

为什么要做出改变？

新加坡如今身处的全球经济环境由新科技、商业理念和价值主张驱动。全球化缩短了国家和国家之间的距离。科技正在创造新的商业模式，同时淘汰旧的商业模式。时代变了，过去人们只能引用名言妙句，如今人们可以分享热点推文。新加坡只有能够利用知识、追求新技术并提供高端服务，才能继续创造财富。由于国土面积狭小，新加坡是一个通过与世界做生意来生存的国家，必须适应不断变化的全球形势，必须紧跟全球趋势，并保持竞争优势。

在过去的 50 年里，新加坡的经济表现优异。然而，过去的成功并不能保证未来的成功。来自中国、印度和越南等新兴经济体的竞争日益激烈。前总理李显龙对此表示担忧是完全可以理解的：[1]

> 仅中国和印度就有超过 10 亿的劳动力。每年有数百万毕业生进入劳动力市场……中国每年有 700 万……再加上印度的毕业生，那就是每年有 1000 万人都渴望找到工作。这是不容小觑的。

考虑到新加坡全国人口还比不上这些大国每年新增的毕业生人数，这确实不容小觑。随着城市逐渐成熟，新加坡所面对的挑战也随着成本的上升而增加。新加坡强劲的经济基本面吸引了更多的投资，推高了新币的价值。2015 年，经济学人智库（Economist Intelligence Unit，EIU）将新加坡评为世界上最贵的城市。[2] 新加坡房地产价格昂贵。基于政府对于城市交通的管控措施，新加坡开车的成本很高，仅是拥有并使用一辆新的两升排量日本轿车就可能花费超过十万美元。新加坡的劳动力成本也很高。鉴于人力资源是新加坡唯一的资源，新加坡需要人民提供更高的价值主张，即贡献更多的价值，以保持竞争力，因此，需要从根本上改变新加坡的教育性质，以创造更高的价值主张。正如 2003 年至 2008 年曾担任教育部部长的尚达曼所说：[3]

> 我们拥有一个强大而健全的教育体系，这一体系因学生在各门课程中所取得的高水平成就而广受认可。我们的学生追求卓越，在大多数国际评估和排名中都表现出色。然而，近年来，我们开始重新定位我们的教育体系，以帮助年轻一代迎接更具竞争性和快速变化的未来挑战……教育必须不断发展，我们必须做好准备，迎接未来截然不同的职场。如果因为以往的成功而固守过去的做法，那么我们将会被周围所发生的变化弄得措手不及。

2011 年至 2015 年担任教育部部长的王瑞杰也表达了类似的观点：[4]

> 我们现在做的许多事情都不错，但不要让"好"阻碍了"更好"的发展。如果我们总是保留现有的"好"做法，就无法为"更好"的做法留出空间。

因此，新加坡必须放弃曾助其达到今天地位的"梯子"，即便依然"站"在上面，也需要摆脱只为考试而学习的观念。如今，新加坡更重视终身学习，

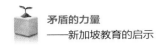
提倡全面教育，致力于培养年轻人的批判性思维和创造力，正迈向另一个能够推动国家迈向更高层次的"梯子"。

理解"新加坡在取得成功时就已经开始进行变革"这一做法至关重要。我们不应等到问题出现后才被迫改变，而应在问题显现之前主动做出调整。这正是与时俱进的本质——是为了未来做准备的，是在占据优势时主动发起的，而不是在不得已时进行的。然而，成功时推动变革需要勇气，因为周围的人可能并不愿意接受变化，反而有疑惑：为什么要在旧有模式已经如此成功的时候进行变革呢？因此，新加坡的变革过程通常伴随着理性的争论、沟通和引导。整个教育体系将稳步发展，但过程中可能会有些混乱。变化的发生既不会像临床手术般精准，也不会像魔术般神奇。

虽然"站在梯子上踢开梯子"是对变革精神的形象表达，但这并不意味着教育体系会因此失控坠落。相反，这种变革是经过仔细评估和权衡的，是深思熟虑的过渡，旨在将教育体系从一个状态平稳地转移到另一个状态。因此，与时俱进同样需要智慧。就像"滑梯与梯子"的游戏，关键在于跳到下一个梯子上，而不是滑向让教育体系坠落的滑梯。新加坡虽然取得了成功，但也认识到，过去的成功方法可能无法在未来继续奏效，国家必须在大胆和谨慎之间找到平衡，然后进行自我革新。

在这一点上，新加坡拥有一个关键优势："改变"实际上已成为新加坡精神的一部分，成为新加坡故事的核心主题。建国总理李光耀在 1967 年曾说道：[5]

> 改变是生命的本质。一旦我们停止改变，停止适应、调整和有效应对新情况，我们就会走向衰亡。

自独立以来，新加坡深知停滞不前就意味着灭亡。因此，新加坡始终专注于生存，并着眼于未来。在艰难的国家建设时期，不断自我重塑的精神已经深深根植于国家精神中。李光耀在 1969 年再次强调：[6]

> 未来才是关键。我们必须努力规划和组织，建立一个更加安全、稳定和繁荣的新加坡……幸运的是，这一代人有勇气面对挑战，正因为他们的努力，才有了今天的新加坡。因此，我们能够自我调整，守护并捍卫我们共同珍视的价值观。

这种精神贯穿了新加坡的整个历史。20 世纪 90 年代后期，在面对亚洲金融危机时，时任总理吴作栋也表达了相同的观点：[7]

> 我们曾经历过艰难时刻：20 世纪 60 年代的马印对抗、20 世纪 70 年代初的英军撤离以及 1985 年的严重经济衰退。这些危机让我们这个国家做好了应对挑战的准备。未来，我们如何克服这场区域性危机将成为新加坡故事的又一篇章……我们绝不能采取任何损害自身长期竞争力的行动，也不能在压力下做出不理智的决定……而是通过自我调整，渡过难关，并在这段时期为风暴过后的竞争赢得先机。

时任总理李显龙曾表示：[8]

> 我们始终保持着强烈的忧患意识。有些人说我们杞人忧天，我认为或许确实如此，而且这也是必须的……一个仅拥有 350 万公民人口、外籍劳工约 100 万的小国，却能拥有世界一流的航空公司、顶尖的机场以及全球最繁忙的港口之一……这一切难道是理所当然的吗？这恰恰是非

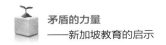
同寻常的……

的确，这并不寻常，至今仍然如此。新加坡的成功并非源于土地或自然资源的丰富，而是依靠人民的坚持不懈与辛勤努力。这个国家在突如其来的考验中浴火重生，并通过艰辛的变革之路逐渐走向成熟。然而，如今新加坡已经跻身国际顶尖国家之列，为什么还要继续求变呢？或许，我们可以从新加坡近年来的几个关键领域找到答案。

从数量到质量

新加坡的教育体系虽然以学术严谨性和追求卓越而闻名，但教育模式正在从注重数量转向注重质量。一个人擅长考试，并不意味着他能应对人生的各种挑战。因此，课程和教学方法必须改变，让学生真正参与到学习过程中，并培养他们的高阶思维能力。在当今这个时代，人人都是数码原住民，信息（包括错误信息）触手可及，学生适应变化的能力比一纸文凭更能在未来发挥长久作用。

为强调素质教育的重要性，减少对考试成绩的单一关注，2014 年新加坡教育部推出了 21 世纪技能框架，旨在为未来的教育发展提供指引。[9] 该框架旨在全面培养学生，帮助他们适应未来的经济和社会环境。框架的核心价值观包括尊重、责任感、诚信、关爱、坚毅不屈、包容等精神，同时还强调社交与情绪管理技能，如自我意识、自我管理、社会意识、关系管理以及负责任的决策等。这些能力构成了儿童和年轻人自我管理及与他人相处的基础。要在全球化的世界中生存，以下 21 世纪的技能是必不可少的：

- 公民意识、全球化意识与跨文化沟通技能；

- 批判性思维与创意思维；

- 沟通、协作与资讯科技技能。

新加坡的教育目标是培养每位毕业生具备自主学习的能力、自信的态度、积极贡献的精神以及关心社会的责任感。

全面教育面临的主要困难是家长过度关注考试成绩和名校，许多人认为，只有考取高分进入名校才能确保孩子未来成功。对此，新加坡采取了大胆的举措。1992 年推出的学校排名制在 2004 年被改为中学成绩等级制，而这一等级制在 2012 年被废除，以便更好地推动全面教育。虽然该制度曾有助于提升学校水平，但随着时间的推移，它变得不再适用，最终被取消。2013 年，时任总理李显龙宣布将全国小六会考的评分系统从总积分制改为分级制。他指出：[10]

> 小六会考成绩仅一分之差，例如 230 分和 231 分，可能会影响学生的中学分配。难道我们要在孩子只有 12 岁时，仅凭一次考试和四份试卷来衡量他们之间的细微差别吗？这种区分毫无意义，且过于精细。

李显龙总理认为，分级制可以避免学生为微小的分数差异而斤斤计较，减少过度竞争和压力。同时，教师也将有更多时间对学生进行全面的教育和培养。新加坡在这方面进行了大胆的改革，打破了一些根深蒂固的传统观念。

高等教育领域也在大胆推进改革。2014 年，新加坡国立大学（National University of Singapore，NUS）为遏制学生对成绩的过度追求，在部分课程中推行了"无等级评分"制度。在该制度下，学生完成课程后只获得"优秀""及格"或"不及格"的评级，传统的 A 到 F 等级评分被取消，这些成绩也不计入他们的累计平均分。此举旨在鼓励学生探索使教育更全面的课程，并培养主修科目之外的其他能力。[11] 同年，被评为全球顶尖年轻大学（建校未满 50 年）的南洋理工大学（Nanyang Technological University，NTU）允许学生通过完成"Coursera"平台上的在线课程获得学分。[12] 未来几年内，南洋理工大学的学生将可以在线选修多达五门课程，从而节省一个学期的学时，甚至提前毕业。学生可以利用节省的时间选修更多课程、参与研究项目或进行工作实习。

或许在一些国家看来，高分表现是衡量教育体系质量的有效指标，然而新加坡对教育质量的要求不仅限于考试成绩。新加坡正在努力摆脱对标准化考试成绩的过度关注，转而采纳更为广泛的教育成功观。新加坡认识到，光有高分不足以保障年轻一代的未来。尽管在国际测试和排行榜中屡创佳绩，广受世界认可，新加坡并未受此声誉所限，而是不断评估和更新政策，确保教育体系不断发展。

多元化教育路径

正如前文所述，新加坡当前的教育体系是在多次改革后逐渐形成的，相比过去的严格制度已有所放宽。新加坡拥有一套全国性考试制度，分别在学生 12 岁、16 岁和 18 岁时进行，这一制度在许多方面对新加坡产生了积极影响。尽管考试制度带来了压力，但它作为质量控制点，决定了学生的教育路径。每个阶段结束时，学生必须通过考试才能进入下一个阶段。这种方式井然有序且系统化。然而，随着时间的推移，一些资质出众的学生在严格的教育体系中受到了限制，而那些不擅长学术的学生则被忽视。在新加坡有一个笑话说，像爱因斯坦这样的人，可能无法顺利通过新加坡的考试。这种情况导致了"高原广布但少有高峰"的现象，新加坡的教育体系虽然使大多数学生达到了较高的平均水平，但缺乏在学术或创造力方面特别出众的"高峰型人才"。因此，教育结构需要逐步调整，为不同类型的学生创造更多元化的发展路径。

一个重要的改革例子是 2008 年引入的"直通车课程"。参与该课程的成绩优异的中学生不再需要参加 O 水准会考，而是在完成六年的中学教育后，直接参加 A 水准会考或国际文凭考试。由于不再需要为 O 水准会考做准备，学生有更多时间和灵活性接受更广泛的教育，也有更多选择自己学习科目的机会。

这种改革方向不只是针对成绩优异的学生，2005 年，教育部也为修读初级（学术）课程的学生提供了更多灵活性。那些在中学二年级或中学三年级学校考试中表现优异的初级（学术）学生，可以选择不参加中学四年级末的 N 水准会考，而是在中学五年级末直接参加 O 水准会考。[13] 如今，表现优异的中学四年级初级（学术）学生，如果在 N 水准会考中表现出色，可以通过一年制的理工学院预科班或工艺教育学院两年制的理工学院直接入学计划进入理工学院。[14]

2014 年，教育部在 12 所中学的低年级引入了更灵活的科目选择机制。到 2018 年，所有中学都将提供这种灵活的科目选择机制，目的是让学生能够在自己的强项科目与学习课程之间实现更好的匹配。例如，无论学生是修读初级（学术）课程还是初级（工艺）课程，如果他们在小六会考中数学成绩为 A，那么他们在中学一年级时将有机会学习快捷课程的数学。[15] 某种程度上讲，这种灵活性表明小六会考不再是决定学生中学学术路径的唯一标准。

虽然新加坡的教育以注重数学和科学而闻名全球，但它的关注点正在扩展到更多的领域。[16] 例如，2004 年设立的新加坡体校和 2008 年设立的新加坡艺术学院便是典型例子。新加坡体校在四年制中学教育中融入了体育训练，学生学习如何在日常课程中平衡体育训练与学术课程之间的关系。新加坡艺术学院为学生提供接触艺术行业实际问题和实践的机会，并为他们的艺术实践和培训安排充足的时间与空间。此外，学生还需参与专业艺术公司的实习，为未来进入本地或国际艺术学院和音乐学院做准备。新加坡艺术学院为学生提供多种选择，包括更侧重学术的国际文凭大学预科项目和更侧重职业发展的国际文凭职业先修项目。这些专业学校为教育体系带来了更多元化的发展路径，为在体育和艺术方面有天赋的学生提供了成功的机会，而不再仅限于擅长数学和科学的学生。

终身学习与技能创前程

新加坡正在改变过去仅限于在学校学习的传统观念。2014 年 8 月，总理宣布，未来新加坡将把学校和工作场所打造成双重学习环境，学习者将在整个职业生涯中持续提升自我。"技能创前程"的核心目标是推广终身学习，倡导在职业生涯中不断提升和掌握技能。[17] 这项全国性倡议旨在将成功的衡量标准从学术成绩拓展到每位新加坡成年人实际掌握的实用技能，为所有新加坡人提供技能提升的支持，不论他们的学历背景如何。这一倡议由多方共同参与，致力于增强学校、行业和社区之间的联系，政府在其中担任了推动者的角色。它传递了一个明确的信息：无论是在学校还是在职场，成功的关键不再仅仅是获得学历文凭，而是在自己所做的事情上做到卓越，并保持通过知识、实践和经验持续进步的态度。时任教育部部长（高等教育及技能）[①] 王乙康表示：[18]

---

① 王乙康担任部长期间新加坡有两位教育部部长，另一位为黄志明。王乙康职衔为教育部部长（高等教育及技能），黄志明职衔为教育部部长（学校）。

学习和工作将不再是先后相继的过程，而是会贯穿人生的各个阶段。教育的理念正从"流动"转向"存量"，不再只是为年轻人进入职场做准备，而是帮助社会中每一个人在一生中持续学习。更深层次地讲，从长远来看，我们应逐步消除就业前培训与继续教育培训之间的界限……如果我们能实现这一目标，就能更均衡地追求知识与技能，兼顾学术成就与能力提升，同时覆盖更广泛的学科领域，更好地满足经济需求和个人理想。

"技能创前程"是新加坡历史上的一个全新领域，需要这一代人再次成为开拓者。这要求新加坡人改变对教育的传统观念。目前，"技能创前程"的实施策略侧重于开发适合新加坡人的课程和培训，将教育培训与行业需求紧密结合。这些措施旨在拓宽成功的途径，让传统的学术成就不再是新加坡人唯一且竞争激烈的选择。

在提出这一倡议时，新加坡参考了瑞士和德国的学徒制模式。在"技能创前程"项目中，学生将获得更为丰富的实习机会，通过有意义的工作任务和与行业接触进行学习。这些实习机会让学生能够深化和应用技术与软技能，并通过与不同行业的实际接触，做出更明智的职业选择。通过"青年人才培育计划"，理工学院和工艺教育学院的学生也可以报名参加海外浸濡项目①，该计划不再仅限于大学生。他们可以参加海外实习，为将来从事跨国业务做好准备。2016 年，政府为每位 25 岁及以上的公民提供"技能创前程"补助，初始补助额为 500 新元，用于支付与工作技能相关的课程费用，以支持他们的

---

① 海外浸濡项目是一种学习或培训项目，旨在让参与者深入体验国外的文化、语言和学习环境。

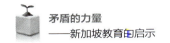
学习需求。此外，政府还会定期向账户注资。这些只是"技能创前程"项目众多举措中的一部分。[19]

如果新加坡仅仅希望通过在国际排名中保持优异成绩来维护其声誉，大可以加倍努力培训 15 岁学生的数学素养和科学素养，帮助他们为 PISA 测评作准备。然而，新加坡选择改变其教育体系，全面培养儿童和青少年，使他们为未来做好准备，而不是参与国际排名的竞争。

我经常被问到："PISA 对新加坡重要吗？"我的回答是："重要但也不重要！"在新加坡，PISA 是少数被认可的国际比较测试之一，我们通过它来衡量自身在全球的位置，它为我们当前和未来的全球竞争力提供了一个参考指标，但并非绝对标准。因此，PISA 的结果和分析具有实用价值。但新加坡在 PISA 中的排名并不是我们的目标，优质教育才是。PISA 无法反映学生是否得到了全面发展。因此，尽管 PISA 在某些方面是有用的参考，但它并不是我们衡量成功的唯一标准。

恒久而常

改变必须适时进行，以应对快速变化的世界。然而，改变也必须扎根于一些不变的原则中，才能在变化的浪潮中保持方向感。尽管这个世界的"唯一不变的就是变化"，但仍然有一些不变的、也不应改变的原则。这些不变的原则是新加坡在变革中的指引，确保教育体系在不断变化中不会失去其使命和身份。那么，这些不变的原则是什么呢？

第一，新加坡的理念是：**教育是一项投资而不是一项开销**。正如建国总理李光耀所言："教育是任何群体长远发展的核心。"[20] 若将教育经费视为开销，可能导致人们优先考虑成本控制；而若将教育经费视为投资，资金的投入将更加充足，目标也将集中于实现最高的回报。

这种理念并非空洞的宣传口号，新加坡一直在这方面言行一致。在建国初期的经济动荡时期，李光耀批准了当时被视为"庞大"的教育预算，并表示：[21]

我们不吝惜这笔资金，但必须确保从中获得回报，培养出坚韧、有素质、具备技能且适应力强的国民。

2001 年，吴作栋也表达了类似的观点：[22]

我们将增加对教育的投入，把教育支出从当前占 GDP 的 3.6% 提高到 4.5%。这意味着每年大约增加 15 亿新元，相当于给每位学生额外投入 2500 新元。额外的资金将用于改善设施、开发课程和提升师资水平。

2012 年，李显龙进一步阐述了新加坡关于教育预算的理念：[23]

我们能做出的最重要的长期投资就是对人民的投资，而实现这一目标的关键途径就是教育。教育是应对技术进步和瞬息万变的世界的关键。

2008—2009 年的全球金融危机对这一理念进行了考验。许多国家在应对危机时削减了教育预算，而新加坡却反其道而行之，尽管当时经济遭受重创。[24]金融危机前，新加坡的教育预算为 80 亿新元，而在金融危机期间，教育预算增加到了 87 亿新元。当时的财政部部长尚达曼宣布，即便在经济低迷时期，

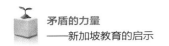
政府也不会减少对教育的投入，因为：[25]

> 无论是在经济繁荣时期还是在经济困难时期，教育始终是一项必要的投资。尤其是在经济困难时期，我们更需要为未来投资，这样当经济复苏时，新加坡作为一个国家能够应对新的挑战。

第二，新加坡始终将优秀师资视为优质教育体系的关键。这一认识多年来从未改变。李光耀在 1966 年曾说：[26]

> 正如一个国家的好坏取决于其公民，一个国家公民的素质在很大程度上也取决于其师资。

2001 年，吴作栋再次强调了优质师资的重要性：[27]

> 教师是教育的核心与灵魂。即使我们将所有资金都投入基础设施和课程建设，若没有优秀的教师，这些投资也无法发挥应有的效益。下一代所接受的教育质量取决于教师的素质。我们过去的成就依赖于教师，未来的成功同样离不开他们。

2015 年，王瑞杰延续了这一观点：[28]

> 教师在国家建设中发挥着核心作用。你们不仅是教育者，更是推动社会前行的重要力量——在精神上团结一致，在目标和使命上同心同行。你们在每间教室中取得的点滴成功，最终汇聚成我们国家迈出的巨大步伐。

你们所教导的年轻人将成为 SG100（新加坡建国 100 周年）的开拓者。你们的共同努力将培养出引领新加坡未来 50 年的新一代。

新加坡是世界上少数真正重视并发展教师职业的国家之一，这不仅体现在言辞上，更落实于行动中。新加坡为教师设计了差异化的职业发展路径，并在他们的专业发展上投入了大量资源；为教师提供了在劳动力市场上具有竞争力的薪酬，并竭尽全力将教师塑造成一个受人尊敬的职业。

第三，新加坡深知品格与公民教育的重要性。无论是 1979 年推行的"生活教育课程"，1991 年启动的"公民与道德教育"，还是 1997 年实施的"国民教育"，教育体系始终致力于塑造学生的道德价值观和积极的社会态度，帮助他们成长为正直的人和忠诚的公民。李光耀在 1967 年曾表示，学校必须教导学生社会规范，帮助他们辨别是非，因为"如果没有正确的价值观，识字的一代人可能比完全未受教育的一代人更危险"[29]。

在一个脆弱的多元文化社会中，教育体系必须传递种族和宗教和谐、求同存异（非冲突对立）、国家凝聚力、生存本能以及对未来的信心等重要信息。2015 年，王瑞杰对教师们说：[30]

新加坡的稳定与发展来之不易，我们不能将其视为理所当然。我们要认识到新加坡面临的挑战和机遇，并时刻思考这些对如何为学生的未来做好准备、如何在学生身上培养公民意识和国家归属感的意义。你们的课堂是学生们开始体会新加坡故事独特之处的地方，是理解我们为克服困难付出努力的地方。因此，我恳请大家将这些内容融入课堂教育，因为这关乎每个人的未来。

今天，新加坡的品格与公民教育采取全校性的方法，与学校的学术课程和课程辅助活动相结合，旨在促进多元文化社会中的社会凝聚力，同时在全球化和经济快速发展的背景下增强学生对新加坡的归属感。品格与公民教育还致力于培养学生良好的价值观和社会情感能力。时任教育部部长（学校）黄志明在谈到实践价值观时表示：[31]

> 对我来说，这就是教育的真正意义所在，不仅仅是成绩，也不仅仅是认知能力的发展，而是全人的发展。

总结

适时的变革，不变的原则。新加坡一次又一次地展示了其推动变革的决心以及坚守基本原则的勇气，既有变化，又有延续。今天的新加坡教育体系并非源自某一项政策或某一位部长的贡献，而是半个世纪以来，众多部长、公务员、学校领导、教师和师范教育工作者共同进行系统建设、升级和改进的结果。2015 年，黄志明和王乙康两位新任教育部部长上任时，联合发布文告，承诺将在前任部长王瑞杰及历任部长、几代公务员和教育工作者奠定的基础上，继续推动新加坡教育体系的发展。他们同样期望，每所学校都是好学校，每位学生都是积极的学习者，每位教师都是关爱学生的教育者，每位家长都是支持孩子的合作伙伴。因此，他们致力于扩大教育体系的规模和复杂性，为新加坡人实现个人的兴趣与抱负开辟更多更好的途径。[32] 在许多国家，部长更替通常意味着教育政策和实践的剧烈变动，而新加坡则不同，创新与延续并存。

当然，新加坡历史上的每一项政策并非都"恰到好处"或广受欢迎。1984

年，新加坡推行了"大学毕业生母亲优惠政策"，该政策为大学女毕业生的子女提供优先入学的机会，旨在鼓励高学历女性多生育。然而，这一政策被认为具有争议性，在社会上引发了激烈讨论，最终于1985年被终止。适时的变革并不代表新加坡总是做出正确的决策，但新加坡政府始终准备好对不奏效的措施进行调整或舍弃。

在一个建国仅有半个多世纪的国家谈论永恒性，似乎令人难以置信。但我认为，当变化快速且剧烈时，我们更需要清楚地知道自己的真正使命是什么，我们必须做出明智且勇敢的判断，而不是被流行趋势所左右。有时，回归本源是绝对必要的。在一个人人都在追求变化、盲目跟风的世界里，那些坚持基本原则的人往往会脱颖而出。只有坚定地站在原则的基石上，我们才能为变革奠定坚实的基础。

PISA成绩应该是其他国家的警钟吗？或许是，但无论是否有PISA，每个国家都应关注孩子的教育。如果PISA促使政府认真审视教育中的深层问题并找到解决方案，那是件好事。但如果只是条件反射式地回应，或选择性地使用PISA成绩为已有决策辩护，那就没有意义。基于证据的决策与为决策寻找证据是有本质区别的。此外，若对PISA成绩过于焦虑，只会变成一场无休止的竞争。基于新加坡的经验，如果我能向全球各国政府提出建议，那么我的忠告是："不要仅凭PISA排名草率下结论，也不要让PISA变成一场全球性的学生考试。"

许多国家推行所谓立竿见影的教育改革，虽然这些改革可能获得广泛认可，但无法为长期发展奠定坚实的基础。就像现代新加坡的高楼大厦一样，教育体系必须向下扎根，才能有足够的力量和信心向上发展。

参考文献

1 Lee, H. L. (2013, August 18). Prime Minister Lee Hsien Loong's National Day Rally Speech 2013. Retrieved from http://www.pmo.gov.sg/mediacentre/prime-minister-lee-hsien-loongs-national-day-message-2013-english.

2 The Economist Intelligence Unit (2015). Worldwide Cost of Living 2015. Retrieved from http://ifuturo.org/documentacion/WCOL-March.pdf.

3 Tharman, S. (2003, October 2). *The Next Phase in Education: Innovation and Enterprise.* Speech by Mr Tharman Shanmugaratnam, Acting Minister for Education, at the Ministry of Education Work Plan Seminar, Singapore. Retrieved from http://www.moe.gov.sg/media/speeches/2003/sp20031002.htm.

4 Heng, S. K. (2013, September 25). Keynote Address by Mr Heng Swee Keat, Minister for Education, at the Ministry of Education Work Plan Seminar at the Ngee Ann Polytechnic Convention Centre, Singapore. Retrieved from http://www.moe.gov.sg/media/speeches/2013/09/25/keynote-address-by-mr-heng-swee-keat-at-the-ministry-of-education-work-plan-seminar-2013.php.

5 Lee, K. Y. (1967, April 26). Speech by Prime Minister Lee Kuan Yew at the 4th Delegates Conference of the National Trades Union Congress at the Conference Hall, Trade Union House, Singapore. Retrieved from http://www.nas.gov.sg/archivesonline/speeches/record-details/743648df-115d-11e3-83d5-0050568939ad.

6 Lee, K. Y. (1969, August 19). Excerpts Of Prime Minister's Speech at Hua Yi Government Chinese Secondary School at the Exhibition Depicting the Progress of Singapore's Education in the last 150 Years, Singapore. Retrieved from http://www.nas.gov.sg/archivesonline/data/pdfdoc/lky19690819.pdf.

7 Goh, C. T. (1998, August 23). Speech by Prime Minister Goh Chok Tong at the National Day Rally. Retrieved from http://www.moe.gov.sg/media/speeches/1998/23aug98.htm.

8 Cited in Khamid, H. M. A. & Siong, O. (2015, August 22). PM Lee tackles questions on governance at SG50+ conference. *Channel NewsAsia.* Retrieved from http://www.channelnewsasia.com/news/singapore/pm-lee-tackles-questions/1956798.html.

9 Ministry of Education (MOE) (2014, April 1). Information Sheet on 21st Century Competencies. MOE Press Release. Retrieved from http://www.moe.gov.sg/media/press/2014/04/information-sheet-on-21st-century.php.

10 Lee, H. L. (2013, August 18). Prime Minister Lee Hsien Loong's National Day Rally Speech 2013. Retrieved from http://www.pmo.gov.sg/mediacentre/prime-minister-lee-

hsien-loongs-national-day-message-2013-english.

11 Ong, H. H. (2014, January 25). NUS takes a bold move to curb obsession with grades. *The Straits Times*, pp. B1–B2.

12 Davie, S. (2014, November 13). Credit to NTU for its online courses. *The Straits Times*. Retrieved from http://news.asiaone.com/news/education/credit-ntu-its-online-courses.

13 Ministry of Education (MOE) (2005, September 22). Greater Flexibility and Choice for Learners. MOE Press Release. Retrieved from https://www.moe.gov.sg/media/press/2005/pr20050922a.htm.

14 Ministry of Education (MOE) (2015). For Normal (Academic) Students. Through-Train Pathways: Diverse Pathways to Fulfil Your Potential. Retrieved from http://www.moe.gov.sg/education/post-secondary/files/through-train-pathways-na-students.pdf.

15 Ministry of Education (MOE) (2013, November 14). Greater Flexibility in Secondary School Subject Offering. MOE Press Release. Retrieved from http://www.moe.gov.sg/media/press/2013/11/greater-flexibility-in-secondary-school-subject-offering.php.

16 Ministry of Education (MOE) (2002, October 15). Government Accepts Recommendations for a Broader and More Flexible Curriculum and a More Diverse JC/Upper Secondary Education Landscape. MOE Press Release. Retrieved from http://www.moe.gov.sg/media/press/2002/pr15102002.htm.

17 Ministry of Education (MOE) (2014, November 5). SkillsFuture Council Begins Work: Driving National Effort to Develop Skills for the Future. MOE Press Release. Retrieved from http://www.moe.gov.sg/media/press/2014/11/skillsfuture-council-begins-work.php.

18 Ong, Y. K. (2015, October 14). Speech by Mr Ong Ye Kung, Acting Minister for Education (Higher Education and Skills), at the Opening of the OECD-Singapore Conference on Higher Education Futures, Resorts World Convention Centre, Singapore. Retrieved from http://www.moe.gov.sg/media/speeches/2015/10/14/speech-by-mr-ong-ye-kung-at-the-opening-of-the-oecd-singapore-conference-on-higher-education-futures.php.

19 Ministry of Education (MOE) (2015, February 25). SkillsFuture: SkillsFuture Credit. Press Release. Retrieved from http://www.moe.gov.sg/media/press/2015/02/skillsfuture-skillsfuture-credit.php.

20 Lee, K. Y. (1993, November 8). Speech by Lee Kuan Yew, Senior Minister, for Africa Leadership Forum at the Regent Hotel, Singapore. Retrieved from http://www.nas.gov.sg/archivesonline/data/pdfdoc/lky19931108.pdf.

21 Lee, K. Y. (1966, December 27). *Education and Nation-Building*. Transcript of the Prime Minister's Speech at the Opening of the Seminar at the Conference Hall, Singapore.

Retrieved from http://www.nas.gov.sg/archivesonline/data/pdfdoc/lky19661227.pdf.

22　Goh, C. T. (2001, August 31). *Shaping Lives, Moulding Nation*. Speech by Prime Minister Goh Chok Tong at the Teachers' Day Rally, at the Singapore Expo. Retrieved from http://www.nas.gov.sg/archivesonline/speeches/view-html?filename=2001083103.htm.

23　Lee, H. L. (2012). *A Home with Hope and Heart*. Prime Minister Lee Hsien Loong's National Day Rally 2012. Retrieved from http://www.pmo.gov.sg/mediacentre/prime-minister-lee-hsien-loongs-national-day-rally-2012-speech-english.

24　Ng, P. T. (2011). Singapore's response to the global war for talent: Politics and education. *International Journal of Educational Development*, 31(3), 262−268.

25　Tharman, S. (2009, January 22). *Keeping Jobs, Building for the Future*. Budget Statement 2009 by Mr Tharman Shanmugaratnam, Finance Minister, at the Parliament, Singapore. Retrieved from http://www.singaporebudget.gov.sg/budget_2009/speech_toc/index.html.

26　Lee, K. Y. (1966, December 27). *Education and Nation-Building*. Transcript of the Prime Minister's Speech at the Opening of the Seminar at the Conference Hall, Singapore. Retrieved from http://www.nas.gov.sg/archivesonline/data/pdfdoc/lky19661227.pdf.

27　Goh, C. T. (2001, August 31). *Shaping Lives, Moulding Nation*. Speech by Prime Minister Goh Chok Tong at the Teachers' Day Rally, at the Singapore Expo. Retrieved from http://www.nas.gov.sg/archivesonline/speeches/view-html?filename=2001083103.htm.

28　Heng, S. K. (2015, July 6). Speech by Mr Heng Swee Keat, Minister for Education, at the NIE Teachers' Investiture Ceremony at the Nanyang Auditorium, Nanyang Technological University, Singapore. Retrieved from http://www.moe.gov.sg/media/speeches/2015/07/06/speech-by-mr-heng-swee-keat-at-the-nie-teachers-investiture-ceremony.php.

29　Lee, K. Y. (1967, August 8). Prime Minister's Address on TV on the Eve of National Day. Retrieved from http://www.nas.gov.sg/archivesonline/data/pdfdoc/lky19670808.pdf.

30　Heng, S. K. (2015, July 6). Speech by Mr Heng Swee Keat, Minister for Education, at the NIE Teachers' Investiture Ceremony at the Nanyang Auditorium, Nanyang Technological University, Singapore. Retrieved from http://www.moe.gov.sg/media/speeches/2015/07/06/speech-by-mr-heng-swee-keat-at-the-nie-teachers-investiture-ceremony.php.

31　Ng, C. M. (2015, October 16). Speech by Mr Ng Chee Meng, Acting Minister for Education (Schools) and Senior Minister of State for Transport, at the NIE Leaders in Education Programme Graduation Dinner, at the Regent Singapore Hotel. Retrieved from http://www.moe.gov.sg/media/speeches/2015/10/16/speech-by-mr-ng-chee-meng-at-the-nie-leaders-in-education-programme-graduation-dinner.php.

32 Ng, C. M. & Ong, Y. K. (2015). A Joint Message from Ng Chee Meng, Acting Minister for Education (Schools), and Ong Ye Kung, Acting Minister for Education (Higher Education and Skills). Retrieved from http://www.moe.gov.sg/media/speeches/2015/10/06/a-joint-message-from-acting-ministers-for-education.php.

矛盾现象二：任人唯才，仁爱包容

新加坡人时常批评"无情"的精英考试制度，认为这种制度只表扬学业优异者，却贬低成绩较差的学生。如果你表现出色，那么前途无量；若你失败，仿佛前路已断。资源大量倾向于顶尖学生，其他人则在底层徘徊。这是部分人对现状的看法。然而，如果参观教育部，你会听到公务员们讲述他们为帮助在精英体系中挣扎的学生所付出的努力。参观工艺教育学院时，你会发现其先进的校园设施甚至比"精英"名校还令人印象深刻。有人可能会问："可新加坡不是崇尚精英主义吗？"其实，新加坡的目标是建立一个任人唯才且仁爱包容的制度。

任人唯才

任人唯才是一种将权力、晋升机会与个人才能挂钩的理念，通常被视为一种基于个人才能来获得更高社会地位、职位、收入和社会认可的做法。"任人唯才"一词最早由迈克尔·杨（Michael Young）在讽刺小说《精英主义的兴起：1870—2033》（*The Rise of the Meritocracy: 1870—2033*）中提出。小说描绘了一个反乌托邦的未来社会，在这个社会中，个人的社会地位取决于智商和努力。[1] 小说的初衷是揭示这种理念的荒谬。然而，今天"任人唯才"（或称"精英制度"）在世界某些地方已经不再是一个贬义词，而是一个积极的理想。事实上，任人唯才的优点往往被视为理所当然，并被认为是一种应当坚持的道德与规范标准。

支持任人唯才理念的人认为，这种做法为所有有能力的人提供了公平的机会，使每个人都能够凭借自身努力和才能获得成功，而不是依赖种族或社会阶层。[2] 教育及其成就通常成为任人唯才的基石。核心观点是，所有孩子在教育中应获得相同的机会。社会和经济的分层体系将通过测试和选拔逐步形成。任人唯才被描述为一种公正且富有成效的社会进步方式，能够根据个人表现选拔人才。[3] 在一个合格的民主社会，教育体系不应区别对待富裕阶层和中等收入阶层的孩子与贫困家庭和少数族裔的孩子。[4]

然而，任人唯才在实践中面临挑战，其中一个主要的问题是"才能"缺乏清晰的定义。关于才能的合理定义和评判标准引发了大家的质疑，即哪些"才能"才算是才能，以及达到何种标准才能被认为是"有才能"。[5]

这种理念的反对者认为，对"才能"的特定定义会催生出一种排他性的精英阶层。正如迈克尔·杨所主张的那样，"精英分子"会坚信自己凭借才能取得了成就，从而产生道德上的优越感，将自我奖励视为理所当然，进一步拉大了"有"者与"无"者之间的差距。[6] 成功人士总能将自己的才能合理化成就与现状，从而获取更多成功的地位，导致富者愈富、贫者愈贫。即便在学校，现代教育中的任人唯才理念也以努力、教育和考试成绩为表现形式，形成一个以可衡量结果为中心的体系。一些教师和学生为了在体制内取得成功，甚至可能采取不正当手段，影响了更全面的教育体验。[7]

新加坡的任人唯才主义

毫无疑问，新加坡是一个坚持任人唯才原则的国家。新加坡自 1965 年独立以来，任人唯才一直是治国的关键原则之一。[8] 新加坡实行了一种不论种族、语言、宗教或家庭背景的选贤任能制度。在竞争激烈的教育体系中，最终通过政府奖学金选拔出优秀人才，并任用在公务员体系和政治领导层的要职上。[9] 无论背景如何，任何人都有机会凭借自己的才能晋升。

李光耀从 1965 年到 1990 年担任新加坡总理，尽管拥有剑桥大学的法学学位，但他并非出身于精英家庭。他在 1974 年曾说过一句广为流传的话："当时规划和执行新加坡治国方略的主要责任落在大约 300 个关键人物的肩上，如果这 300 人同时在一架飞机上遇难，那么新加坡将会分崩离析。"[10] 他的治国理念是，通过培养一小群杰出的领导者，进而惠及整个社会。这些精英不仅会致力于提升社会福祉，还会维护任人唯才制度，随时修正其中的不足，促进社会流动，为他人提供更多晋升机会。因此，李光耀推崇机会平等制度，让有才能的人获得提升的机会。[11]

新加坡的教育体系始终遵循任人唯才的原则。建国后，这一原则促进了社会阶层的流动。当时，许多人是新移民，努力追求更好的生活。不因种族、语言或宗教而受到歧视的理念，给了他们几乎难以想象的希望。小贩的儿子可能成为律师，清洁工的女儿可能成为医生。确实，有些人做到了。在短短一代人的时间里，新加坡社会迅速发展，许多家庭实现了经济阶层的跨越。任人唯才的原则发挥了重要作用。

然而，任人唯才原则最多只能保证机会平等，但不能确保结果平等。如今，新加坡已成为发达国家，竞争也愈发激烈。由于经济开放且易受全球趋势影响，社会不平等现象更易加剧。随着中等收入家庭增多，社会向上流动愈发困难。虽然机会均等，但仍有人会落后。

在学生的家庭背景和学前准备各不相同的情况下，为所有学生提供平等的机会已是极大的挑战。富裕家庭显然有充足的财力支持孩子，而经济较困难的家庭则缺乏这种竞争优势。起跑线从来不平等。[12] 为了加入成功者的行列，许多家长和学生不得不屈服于高度竞争的教育体系。新加坡的教育体系也逐渐走向市场化[13]，正如美国和英国等国家一样[14]。

李显龙总理对此进行了反思：如果新加坡不以任人唯才为基础，那么还有

哪些可能的替代方案呢？他这样问道：[15]

> 我问自己，如果我们不以才能为标准，不去投资有能力的人，不让他们担任重要岗位，而是根据他们的实际表现衡量他们的能力，那我们该怎么做？你会以什么为依据？……你可以选择按财富或关系来衡量……你愿意这样吗？有些国家确实这么做了，但我不认为那是你想要的新加坡。我相信，我们仍然要以才能作为构建社会的基础，同时还要扩大才能和成功的定义范围。

新加坡社会高度关注其收入不平等问题（2012 年基尼系数为 0.478，2013 年为 0.463，2014 年为 0.464），且高收入人群的经济增长速度远快于低收入人群。围绕任人唯才优缺点的讨论在公众和媒体间十分激烈[16]，因为任人唯才作为新加坡治国理念之一，常被用来强调社会政治体系的优越性。对现实中或认知中的不平等以及阶层固化感到不满的新加坡人，常常将自身处境归咎于任人唯才这一理念。那么，新加坡该如何回应迈克尔·杨在《精英主义的兴起：1870—2033》一书中提出的难题呢：当社会中"最底层"的人们最终意识到，虽然他们被给予了所有机会，但是他们的地位和回报是自己的"才能"所能达到的极限时，这个社会将会如何发展呢？[17]

任人唯才，仁爱包容：不让任何孩子被耽误，不让任何孩子被遗漏

至少在可预见的未来，新加坡将继续坚持任人唯才的原则。然而，这一原则不能一成不变。尽管贫富差距不断扩大，任人唯才的原则依然适用，但其理念需要与时俱进。特别是在教育体系中，新加坡如何在高度竞争的任人唯才制

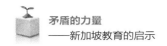
度与帮助每个孩子取得成功的愿景之间找到平衡？

前总理吴作栋在 2013 年提出了"任人唯才，仁爱包容"的理念，作为对此挑战的回应。这一理念看似矛盾，但蕴含深意：[18]

> 我们不希望社会成为一个只顾自身利益，甚至损人利己的环境，我称之为"自私的精英主义"……有能力的人应当回过头来，帮助那些落后的人一起攀登，而非将梯子收起。登上顶端的人，肩负着帮助社会弱者的责任。"任人唯才，仁爱包容"能够助力我们建设一个坚韧包容的社会，而"自私的精英主义"则会让社会分裂，走向衰败。

吴作栋补充说，解决问题的办法不是为了所谓的平等而阻碍进步，也不是彻底废除任人唯才，而是以仁慈的态度实行任人唯才，并推动人人互助。

在教育体系中，任人唯才往往意味着优秀学生获得优先择校权或更多教育资源。新加坡的教育体系高度重视任人唯才，竞争激烈。学生们通过成绩竞争以进入心仪的学校，学校之间也相互竞争以吸引优秀学生。然而，在这样一个竞争激烈的体系中，任人唯才为新加坡带来了两难局面。一方面，若只偏重有"才能"的孩子而让其他孩子掉队，可能会引发社会矛盾，甚至导致社会分裂。更何况，作为一个小国，新加坡的人力资源本就有限，禁不起这样的损失。另一方面，若政策追求对所有孩子完全平等，那些有潜力的学生可能会被束缚，这或将损害新加坡的整体发展。

因此，在"任人唯才，仁爱包容"这一矛盾中，新加坡必须做到既不让任何孩子掉队，也不妨碍优秀孩子前行。这是新加坡追求公平的独特方式，与芬兰等国家的公平理念截然不同。新加坡的教育公平试图在任人唯才与人情味之间找到平衡。对于那些凭借自身才能能够"高飞"的人，国家不会为了追求公平而人为地设置"玻璃天花板"。相反，国家会鼓励他们展翅高飞，同时引导他们回馈成就了他们的社会。正如李显龙总理所说：[19]

　　如果你在我们的体系中取得了成功，那么你有责任回馈社会，因为你的成功并非完全依赖于个人努力。换句话说，我们对你进行投资，而你回馈社会，从而使每个人都能从这个体系中受益，并感受到它的公平与优越。

对于中间阶层的群体，国家提供更多途径帮助他们提高成功的概率，以满足大多数人的需求。而对于在竞争中落后的人，国家则通过直接干预帮助他们改善前景。这种做法并不保证也不宣称能够实现结果的完全平等，但能确保每个孩子都有机会接受优质教育，为他们的成年生活奠定坚实的基础。国家通过多种方式满足不同类型学习者的需求，在绝对意义上，这种方式可能并不完全平等，但在相对意义上却并非完全不公平。每个孩子都有机会拥有体面的未来，而国家致力于确保每个孩子都能够获得并充分利用这一机会。

对于一个高度推崇任人唯才原则且竞争激烈的国家来说，矛盾的是，体系中还有一个看似对立却重要的方面——人情味。这种人情味在那些专为竞争中的落后者制定的政策中体现得最明显。

以"任人唯才，仁爱包容"为原则的干预措施

根据 OECD 的研究，教育公平有助于提升学生的整体成绩。OECD 发现，成员方中表现最优的教育体系，往往能够同时实现教育的高质量与高公平。[20] 在这样的体系中，大多数学生能够依靠自己的能力和驱动力掌握高水平的技能和知识，而非依靠社会经济背景。

新加坡在公平性方面略高于 OECD 平均水平，但在学生成绩上却远远领

先。这使得新加坡的表现与芬兰等国相比，不完全符合 OECD 的研究结论。然而，新加坡以其独特的方式，表现出对教育公平的高度重视。

如果有人认为新加坡的教育体系只关注顶尖学生，这并不奇怪。然而，新加坡对成绩较差学生的关心并不亚于对成绩优秀学生的重视。尽管新加坡在 PISA 2009 数学素养、科学素养和阅读素养领域分别取得了第二、第四和第五的排名，但对部分学生的落后表现仍深感忧虑。[21] 特别值得注意的是，新加坡关注到其教育领域存在的"成绩分布长尾"现象，即第五百分位数（低分）与平均分之间的差距显著。虽然总体平均分排名靠前，但在第五百分位数的表现上，新加坡在数学素养、科学素养和阅读素养领域的排名分别下降至第六、第十三和第九。这表明，与其他一些高绩效教育体系相比，新加坡学生的成绩差距更为显著。尽管平均分很高，优等生与学业较弱学生之间的差距却成为新加坡教育的主要问题。这一发现进一步促使新加坡加大对学业较弱学生的支持力度。在 PISA 2012 中，这些学生的表现显著改善，各领域低分群体的比例均降至 10% 以下。[22] 与此同时，各领域的高分群体比例也有所增加（详见图 2.1 和图 2.2）。

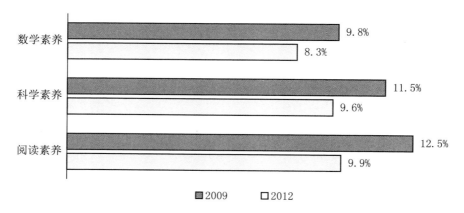

图2.1　PISA 2009与PISA 2012低分表现学生比例变化

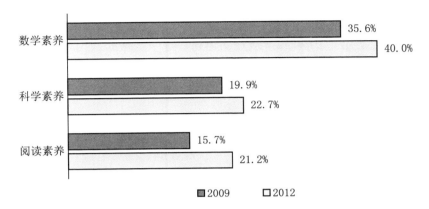

图 2.2　PISA 2009 与 PISA 2012 高分表现学生比例变化

根据教育部的说法，这些测评结果充分肯定了国家在支持学业表现较弱学生方面所做的努力。其中一个典型例子是教育部于 1992 年推出的"学习辅助计划"。该计划旨在帮助小学一年级和二年级英语能力较弱的学生赶上学习进度。这项早期干预措施尤为重要，因为英语是其他学科的教学语言，而许多学生来自非英语母语家庭。在学习辅助计划中，学生每天以小组形式接受额外的学习辅导。随后，这项学习支持被扩展到数学领域。2001年，教育部启动了"数学辅助计划"，为数学能力较弱的小学一年级和二年级学生提供帮助，以便他们赶上学习进度。2013 年，教育部进一步宣布，将针对英语和数学学习较为吃力的学生，提供覆盖整个中学阶段的学习支持。[23]

近年来，新加坡对学前教育重要性的认识不断提升。学前教育不仅为儿童入学奠定了重要基础，还对儿童的全面发展起到了至关重要的作用。然而，新加坡的大多数幼儿园由私营机构运营，低收入家庭由于经济压力往往难以负担幼儿教育费用。为解决这一问题，教育部在 2014 年开设了首批五所公立幼儿园，并特别给低收入家庭的孩子预留了三分之一的名额。这些幼儿园位于社区

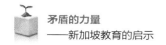
内，并且邻近小学，吸引来自低收入和中等收入家庭的学生就读，减少家长接送孩子的交通费用。"幼稚园学费资助计划"进一步帮助低收入家庭的孩子就读幼儿园。这些举措是新加坡改善弱势儿童发展机会、缩小教育差距的重要尝试。[24]

此外，新加坡为学前教育提供了大量补贴，特别是针对低收入家庭。具体而言，每个六岁及以下的新加坡籍儿童都有资格开设"儿童培育账户"。政府通过向儿童培育账户提供补助，帮助家庭支付学前教育费用。大多数儿童会获得600新元的起步津贴。[25]

新加坡也在为有特殊需求的学生提供更多教育支持。时任副总理兼财政部部长尚达曼在2015年财政预算案中表示：[26]

> 过去五年，我们在特殊教育学校学生身上的投入增加了50%，这一支出本已远高于普通学校的学生支出，而我们又在此基础上增加了50%。我们持续加强特殊教育课程，并致力于提升教师的专业能力。教育部正在资助特殊教育学校教师的专业发展项目，我们也在更早阶段进行干预，并努力提高干预措施的质量和效果。

但是，如何帮助那些连小学阶段的考试都无法通过、似乎不适合进入普通中学的学生呢？在传统的精英教育制度下，他们的选择十分有限，只能在体系中艰难挣扎，部分学生最终可能会选择辍学。然而，新加坡的教育体系秉持"任人唯才，仁爱包容"的精神，主动关怀和支持这些学生。

2007年，北烁学校（North Light School，NLS）成立，专门为多次未通过小六会考的学生提供量身定制的教育方案。鉴于北烁学校的成功，第二所专门学校——圣升明径学校（Assumption Pathway School，APS）于2009年成立。

这两所学校获得了额外的资源支持和教学弹性，以帮助学生通过适合自己的方式取得成功。

2014 年，新加坡又成立了两所专为修读初级（工艺）课程学生设计的学校——裕峰中学（Crest Secondary School）和云锦中学（Spectra Secondary School），招收小六会考成绩位于后 10% 的学生。这些专门学校因帮助学生找到自我认同、探索人生意义并取得成功而广受社会好评。

2015 年 9 月，一部五集电视纪录片《逆风飞翔》(*Don't Call Us Beaten*) 播出，生动展现了北烁学校和圣升明径学校学生与教师的校园生活。这部作品传递了一个理念：考试的失败并不等于人生的失败，社会应鼓励和支持那些学业成绩不佳的学生，让他们通过其他途径找到属于自己的成功之路。

"任人唯才，仁爱包容"的实际案例

在实际操作中，"任人唯才，仁爱包容"是如何落地实施的？以圣升明径学校为例，展示如何帮助那些可能在主流教育体系中掉队的学生。圣升明径学校是专为无法适应主流学术体系的学生设立的两所专门学校之一。小六会考一次未通过的学生，申请入学需基于小学校长的推荐，而两次未通过的学生在录取时享有优先权。2009 年，学校招收了 300 名学生，到 2011 年，这一数字增长至 700 名。

那么，那些在传统学校中成绩不佳的学生，如何在圣升明径学校找到学习的意义并取得成功呢？圣升明径学校深刻理解学生的需求，并据此设计课程和教学策略。学校课程的重点是培养学生的实用技能，通过实践的方式让学生掌握知识与技能。职业课程、培训项目及课程设计均符合新加坡新技能资格标准。圣升明径学校尤其注重与各行业的合作，为学生提供实习机会，并在学生毕业后为其创造就业机会。学校与设施管理、工地维护、酒店服务、餐饮及生产制造等多个行业领域的企业紧密合作。在真实的工作场所学习虽然充满挑战，但教师会陪同学生前往，以便在遇到纪律或后勤问题时能够及时提供指导与支持。

尽管学生过去的学习表现不佳，圣升明径学校依然鼓励他们怀抱梦想。让我印象深刻的是，这所学校为每位学生提供了一个平台，让他们自主选择个人挑战。这个挑战可以是表演艺术（如制作音乐剧）、服务学习项目（如前往第三世界国家担任孤儿院志愿者）或户外探险（如攀登一座山）。每周，学生将有两个半小时的时间为挑战做准备，并在年末实现目标。学校传递的信息非常清晰：你有权追逐梦想，并可以付诸行动去实现它。

圣升明径学校是新加坡为数不多的可以自主招聘教师的学校之一，不仅吸引学生，而且吸引充满热情和奉献精神的教师。事实上，创校之初，申请该校的教师人数远超需求。教师们超越本职，全力以赴地帮助学生。周末，有些教师会陪同需要找工作的学生找工作，有些教师则在晚上进行家访，鼓励缺课的学生重返校园。由于教师的工作充满挑战，学校也必须关注他们的心理健康。教职员工互相支持，共同分担责任，并一起为学生的问题寻找解决方案。

在新加坡的任人唯才体系中，学生成绩越好，就越有可能进入更好的学校。然而，圣升明径学校的模式表明，新加坡的教育体系中也包含了一种看似"反任人唯才"的现象：学生成绩越差，反而越有可能被圣升明径学校录取。如果圣升明径学校能够成功为学业较弱的学生提供优质教育，那么那些小六会考成绩刚刚及格的学生家长可能会倾向于将孩子送到这所学校。然而，令人矛盾的是，想要进入这所备受欢迎的学校，唯一的途径竟然是在小六会考中表现得足够差！

在许多方面，新加坡推行的是经典的任人唯才政策，这既带来了显著的好处，也不可避免地产生了一些后果，成绩不佳的学生通常会被分配到大多数人不愿选择的"低地位"学校。在英美体系中，职业学校往往被视为为那些无法在传统环境中取得成功的学生提供的"剩余选择"。然而，圣升明径学校并非如此，它激励人心的使命、卓越的教职员工以及对每位学生的细致关怀，使得一些学生和家庭宁愿选择圣升明径学校，而非那些提供更多未来选择但学术要求更高的传统学校。虽然新加坡是一个竞争激烈的国家，但许多教师仍被吸引到这所学校任教，即便他们深知这项工作充满挑战。

圣升明径学校充分体现并诠释了新加坡"任人唯才，仁爱包容"理念的矛盾特质。尽管新加坡奉行严格的任人唯才原则，推动有才能的群体快速晋升，但同时也体现了带有人情味的关怀原则，致力于帮助那些被落下的学生。然而，这种"任人唯才，仁爱包容"并不是一种削弱任人唯才原则的平权行动，例如，在考试中给予弱势学生"优惠"分数。这种做法既不会影响学术的严谨性，也不会损害受益学生的尊严。相反，教育体系有明确的目标，即确保"不让任何孩子掉队"，为那些在传统学术领域表现不佳的学生提供多元化的发展路径。

新加坡努力在任人唯才与人情关怀、竞争力与社会凝聚力之间寻找平衡。这种社会秩序看似充满矛盾和张力，但通过持续的努力与关注，新加坡成功使其保持良好运转。这种体系在张力中寻求平衡，以兼顾社会的多样性与包容性。

总结

"美国梦"在新加坡是否有可能实现？如果放在过去，答案显然是肯定的。然而，今天的年轻人是否还能像他们的父母一样，在有生之年看到自己和子女的生活得到改善呢？随着新加坡的发展逐渐成熟，这变得愈加困难。无论是通过任人唯才还是其他原则，世界各地的经验都表明，在一个日渐成熟或不再快速发展的社会或经济中，阶层向上流动的趋势往往会减弱。不过，我们应换个角度来看："新加坡梦"在新加坡仍然可能实现吗？当然可能，为什么不呢？因为**"新加坡梦"并不是个人在充满机遇的土地上追求成功的梦想，而是一个国家团结一致，彼此关怀，不让任何人掉队或被遗忘的共同愿景。**

参考文献

1 Young, M. (1958). *The Rise of the Meritocracy, 1870–2033*. London: Thames & Hudson.

2 Read for example, Bell, D. (1973). *The Coming of Post-Industrial Society*. London: Heinemann.

3 Read for example, Breen, R. & Goldthorpe, J. H. (2001). Class, mobility and merit: The experience of two British birth cohorts. *European Sociological Review*, 17(2), 81–101.

4 Satz, D. (2008). Equality, adequacy, and educational policy. *Education Finance and Policy*, 3(4), 424–443.

5 Arrow, K., Bowles, S., & Durlauf, S. (2000). *Meritocracy and Economic Inequality*. Princeton, NJ: Princeton University Press.

6 Young, M. (1958). *The Rise of the Meritocracy, 1870–2033*. London: Thames & Hudson; Young, M. (2001, June 29). Down with meritocracy. *The Guardian*. Retrieved from http://www.theguardian.com/politics/2001/jun/29/comment.

7 Radnor, H., Koshy, V., & Taylor, A. (2007). Gifts, talents and meritocracy. *Journal of Education Policy*, 22(3), 283–299.

8 Lee, K. Y. (2000). *From Third World to First: The Singapore story 1965–2000*. Singapore: Times Publishing; Mauzy, D. K. & Milne, R. S. (2002). *Singapore Politics under the People's Action Party*. New York: Routledge; Tan, K. P. (2012). The ideology of pragmatism: Neo-liberal globalisation and political authoritarianism in Singapore. *Journal of Contemporary Asia*, 42(1), 67–92.

9 Barr, M. D. & Skrbiš, Z. (2008). *Constructing Singapore: Elitism, Ethnicity and the Nation-Building Project*. Copenhagen: Nordic Institute of Asian Studies.

10 Cited in Han, F. K., Fernandez, W., & Tan, S. (2015). *Lee Kuan Yew: The Man and His Ideas*. Singapore: Marshall Cavendish.

11 Han, F. K., Zuraidah, I., Chua, M. H., Lim, L., Low, I., Lin, R., & Chan, R. (2011). *Lee

Kuan Yew: Hard Truths to Keep Singapore Going. Singapore: Straits Times Press.

12 Barr, M. D. (2006). Racialised education in Singapore. *Educational Research for Policy and Practice*, 5(1), 15–31.

13 Tan, J. (2008). The marketisation of education in Singapore. In J. Tan & P. T. Ng (Eds.), *Thinking Schools, Learning Nation* (pp. 19–38). Singapore: Prentice Hall.

14 Read for example, Apple, M. W. (2006). *Educating the "Right" Way: Markets, Standards, God, and Inequality* (2nd ed.). New York: Routledge; Ball, S. J. (1993). Education markets, choice and social class: The market as a class strategy in the UK and US. *British Journal of Sociology of Education*, 14(1), 3–19; Gewirtz, S., Ball, S. J., & Bowe, R. (1995). *Markets, Choice and Equity in Education*. Buckingham: Open University Press.

15 Cited in Choo, D. (2012, December 3). PM Lee defends system of meritocracy. *Yahoo! Newsroom*. Retrieved from https://sg.news.yahoo.com/pm-lee-defends-system-of-meritocracy-055639189.html; Ramesh, S. (2012, December 2). Important to Balance Govt's Key Goals for S'pore: PM Lee, Singapore. Retrieved from http://www.channelnewsasia.com/news/singapore/important-to-balance-govt/528002.html.

16 Read for example, Nair, P. (2012, December 20). Framing meritocracy as an either-or option unhelpful. *The Straits Times*, p. A30; Davie, S. (2012, November 29). Time to redefine academic success. *The Straits Times*, p. A30.

17 Young, M. (1958). *The Rise of the Meritocracy, 1870–2033*. London: Thames & Hudson.

18 Goh, C. T. (2013, April 29). We need compassion alongside meritocracy. Retrieved from http://news.pap.org.sg/print/news-and-commentaries/commentaries/we-need-compassion-alongside-meritocracy.

19 Lee, H. L. (2013, August 18). Prime Minister Lee Hsien Loong's National Day Rally Speech. Retrieved from http://www.pmo.gov.sg/mediacentre/prime-minister-lee-hsien-loongs-national-day-rally-2013-speech-english.

20 Organization for Economic Cooperation and Development (OECD) (2012). *Equity and Quality in Education—Supporting Disadvantaged Students and Schools*. Paris: OECD Publishing. (p. 14).

21 Organization for Economic Cooperation and Development (OECD) (2012). *Equity and Quality in Education—Supporting Disadvantages Students and Schools*. Paris: OECD Publishing.

22 Ministry of Education (MOE) (2013, December 3). International OECD Study Shows That Singapore Students Are Ready to Thrive in the 21st Century. MOE Press Release, Singapore. Retrieved from http://www.moe.gov.sg/media/press/2013/12/international-

oecd-study-shows-that-singapore-students-are-ready-to-thrive-in-the-21st-century.php.

23 Ministry of Education (MOE) (2015, March 6). Infosheet on Levelling up Programmes in Schools. MOE Press Release, Singapore. Retrieved from http://www.moe.gov.sg/media/press/2015/03/levelling-up-programmes-in-schools.php.

24 Davie, S. (2013, March 28). Priority plan for places at new MOE kindergartens. *The Straits Times*, p. A1.

25 Tharman, S. (2015, March 5). Budget 2015 Debate Round-Up Speech by Deputy Prime Minister and Minister for Finance, Mr Tharman Shanmugaratnam. Retrieved from http://www.singaporebudget.gov.sg/budget_2015/BudgetDebateRound-UpSpeech.aspx.

26 Tharman, S. (2015, March 5). Budget 2015 Debate Round-Up Speech by Deputy Prime Minister and Minister for Finance, Mr Tharman Shanmugaratnam. Retrieved from http://www.singaporebudget.gov.sg/budget_2015/BudgetDebateRound-UpSpeech.aspx.

矛盾现象三：集权管理，放权而治

新加坡通过集权来实现协同效应，通过放权来实现多样性。

新加坡采用公立学校体系，几乎所有学校都是政府学校，绝大多数孩子都在这些学校就读。学校由政府资助，并由教育部管理。教育部制定国家级政策，学校则严格执行这些政策。从这个角度来看，新加坡的教育体系是高度集中化的。

新加坡拥有多种类型的学校，包括专注于艺术、科学、人文、科技、体育以及职业教育等的特色学校。虽然这些学校都由政府资助，但每所学校都展现出自身独特的优势，提供各具特色的课程，并根据学生需求采用不同的教学方法。每所学校都能够自信地表示，它们既与国家发展目标保持高度一致，又能开发出独具特色的项目，展现出与其他学校的差异化定位。

教育部在阐述各学校如何贯彻国家方针时，也会强调学校的自主权以及已下放给学校的权力范围。那么，新加坡的教育体系究竟是集中化的还是去中心化的呢？答案是，新加坡的体系兼具集中化和去中心化的特点。这种表面上的矛盾实则是相辅相成的一体两面，而非对立的两个极端。新加坡的教育策略可以被形容为"集权管理，放权而治"。[1]

"集权管理，放权而治"是如何运作的？

首先，我们需要明确，新加坡的学校直接由教育部管理，而不是由学校董事会或地区政府管辖。教育部拥有直接聘请或解雇学校领导和教师的权利，学校在行政上对政府负责，而政府则通过民主机制对公民负责。因此，从某种角度来看，学校可以被视为教育部的地方执行单位。在新加坡，学校问责制非常严格，因为政府肩负着确保国家教育目标实现，并让财政支出发挥最大效益的责任。[2]

教育部负责制定教育政策，学校则负责具体实施。问责制确保教育政策得以落实，并维持教育标准。这种政策的严谨性在多份国际报告中屡有提及。然而，教育部也鼓励学校在创新和多样化发展方面发挥主动性。因此，在执行政策时，学校需理解政策的初衷，同时有权自主决定具体的实施方式，不应只是机械地遵循自上而下的改革。正如尚达曼所说：[3]

> 教育质量的提升将由学校的教师和领导推动，创新应从系统内部涌现，而非由上层强加……他们是最了解学生、最能开发出激发学生兴趣方法的人。

这种方法实现了"策略一致，战术授权"的目标。新加坡教育治理模式"集权管理，放权而治"的核心就在于，在确保与国家教育政策保持一致的同时，鼓励学校追求创新性与多样性。[4]学校在政策框架内运作，但又被赋予根据学生需求调整教学和创新课程体系的自主权。政府保证一定的控制，以确保实现既定目标。在《第四种方式》(The Fourth Way) 一书中，哈格里夫斯（Hargreaves）和雪莉（Shirley）主张，政府应"引导"而非"主导"教育，教育改革应更多地依靠民主参与，减少政府干预。[5]然而，在新加坡，矛盾之处在于，政府既是教育体系的推动者，又是引路人。[6]

在集权与放权并存的治理模式下，学校领导须有能力将教育部的政策灵活地应用于自身校情，并处理可能面临的各种复杂局面。这也是新加坡的学校领导需要接受严格且专业的培训的原因之一。随着学校自主权的逐步扩大，教育部的角色正在从直接干预者转变为监督者，这一过程虽然缓慢，但经过精心设计。学校被鼓励自主决定具体措施，以同时实现地方与国家的目标。这种方法要求学校领导在遵守政策框架的同时大胆创新，找到自主权与问责制之间的平衡。[7]他们不仅需要推动校本项目，还要满足国家需求，遵循问责制体系设定的标准。这绝非易事，但新加坡的学校领导已经习惯了在矛盾与挑战中寻找平衡，为学校发展指引方向。

新加坡的教育体系本质上是通过集中化来实现整体的协同效应。这个体系并非由一群各自为政的学校组成，而是一个紧密合作的学校网络，集体服务于国家的更高目标，每所学校都是不可或缺的一部分。同时，教育体系通过去中心化促进学校层面的多样化、定制化和创新化。这并不是一个按统一模板运行的体系，各学校不是毫无特点、缺乏个性的机械组成部分。相反，新加坡教育体系的目标是形成一个灵活的整体，使各学校能满足不同类型学习者的需求。

"集权管理，放权而治"之所以能够奏效，是因为其成功建立在两种看似矛盾却相辅相成的现象的基础之上：

- 竞争中的协作；
- 高度问责与高度责任。

竞争中的协作

访客来到新加坡研究其教育体系时，常听说学校之间竞争激烈。然而，他们也会发现，学校不仅在校群内部，甚至在全国范围内积极合作、共享资源。

新加坡的学校既充满竞争，又高度协作。

新加坡"集权管理，放权而治"做法中的另一个矛盾现象是学校之间的竞争性协作。这一理念类似于国家队在奥运会中的竞争精神。每位选手都渴望成为主力阵容的一员，无人甘愿待在替补席上。因此，选手们通过竞争争取主力位置，这种竞争激励了进步。然而，当某位选手被选中时，其他人应为其加油助威，因为团队的胜利就是全体成员的胜利。这正是竞争性协作的精神，也是新加坡学校的宗旨：作为一个系统，共同为国家服务。

这种精神不仅体现在联合项目中，还更深深地融入教育体系的日常运作中。例如，当一位校长培养一名有潜力的教师成为未来的校级领导时，最终受益的往往是另一所学校，因为当该教师具备领导能力后，教育部可能会将其调派至更需要人才的学校，或为其提供更广阔的发展机会。许多在一所学校成长为优秀部门主任的教师，往往会成为另一所学校的副校长。同样，许多在某所学校培养起来的优秀副校长，最终会担任其他学校的校长。因此，在新加坡，学校领导深知，他们培养的人才服务于整个教育体系，而不仅仅是自己的学校。这种高度协作的体系以信任为基础，学校领导相信，教育体系能够为他们提供所需的人力资源，这是一种高度信任和协作的体系。

在新加坡，学校领导的职责不仅仅是管理一所学校，他们还须从国家发展高度履行领导职能。这意味着每位学校领导都属于一个更大的领导者群体，他们关心的是整个教育体系的发展，而不仅仅是他们当前所领导的学校。他们需要具备广阔的视野，思考在学校做出的决定将如何影响其他学校乃至整个国家。新加坡的社会资本具有"以国家为本"的特征[8]，这正是竞争性协作的精神所在。新加坡的"集权管理，放权而治"模式能够奏效，正是因为竞争性协作推动了改进，同时保证了系统的团结一致。

高度问责与高度责任

使"集权管理,放权而治"得以成功的另一个重要且相关的矛盾现象是高度问责与高度责任并存。在《第四种方式》一书中,哈格里夫斯和雪莉认为,教育应该由内在责任感驱动,而非单纯依赖外在的问责需求。在一个健康的教育体系中,责任感应该先于并高于问责制。[9]新加坡的独特之处在于,教育工作者既高度重视责任感,又严守问责制。学校具备严谨的问责文化与架构。校长和教师耗费大量时间收集数据、追踪进展、撰写报告,但这些行为仅是形式上的任务,并非推动教育改进的根本动力。许多教育工作者真正投入这项工作是因为他们对学生的强烈责任感。在新加坡,问责制和责任感并不是对立的两极,而是相辅相成的两个方面。[10]

新加坡主要的学校问责制体系是"卓越学校模式"。卓越学校模式是一种学校自我评估的质量保证体系,旨在帮助学校系统性地发现需要改进的领域,并与同类学校进行对标。[11]该模式于 2000 年引入,取代了传统的学校督察制度,要求学校根据"促成因素"和"结果因素"两个类别监测自身的关键绩效指标。"促成因素"涵盖学校的文化、流程和资源,关注学校实现目标的方式;"结果因素"则包括可量化的标准,例如合作伙伴关系、社会影响和关键绩效成果,关注学校取得的实际成效。学校的自我评估结果每五年由外部评估小组进行一次验证。

与其他质量保证体系类似,卓越学校模式的评估过程明确要求学校提供相关证据来证明评估的合理性。此外,学校还需要展示持续改进的具体证据。因此,教师不仅要专注于提供优质教育,还必须投入精力收集支持性证据。学校领导不仅要确保学校在各方面"做得对",还必须将优秀的工作经验系统化地记录下来并进行趋势分析,提供相应证据以证明学校在持续进步。一位学校领导曾告诉我，尽管他不完全喜欢为外部验证做准备的过程，但他认为，质量保证的意义不仅在于促进学校改进。正如国家提供的其他关键服务一样，公民需要一个健全的质量保证体系，以进一步增强对公立学校系统的信任感。

我在对新加坡学校领导的研究中发现，他们表现出强烈的道德责任感，而非官僚式的问责，因为他们认为自己所领导的学校与国家的未来息息相关，他们必须成为国家资源的良好管理者。此外，他们能够同时兼具高度的问责意识与责任感，这两者看似矛盾，却能和谐共存。学校领导忙于应对问责的具体要求，他们的动力来自内心的责任感。[12]在新加坡的教育体系中，道德责任感与官僚问责制达到了平衡，相辅相成。

根据许多国际报告可以看出，新加坡教育体系的一个重要优势是教师的素质。然而，教师素质通常只从学历或专业技能与发展的角度来评估。实际上，新加坡教师的另一个重要特点是他们内在的责任感。这种精神从建国初期起代代相传，延续至今。

在建国初期的岁月里，教师们展现出强烈的内在动力，深感自己在国家建设中肩负重任。在新加坡为建立国家而奋斗的关键时期，这种责任感尤为重要。尽管当时的他们年轻且缺乏经验，但他们的精神令人钦佩。正如王瑞杰所言：[13]

我们的教育先驱当时非常年轻，边工作边学习，有时上午刚学的知识，下午就要教。当他们开始教学时，有些人甚至比现在的你们还小。然而，这些教育先驱充满了创造力和韧性，齐心协力，用有限的资源建设了一个国家。他们在带领国家摆脱贫困、迈向进步与机遇的过程中，不仅为国家发展奠定了坚实的基础，也为人民走向未来提供了勇气和动力。

2015 年，新加坡庆祝建国 50 周年。国家在"致敬建国一代"晚宴上表彰了超过 700 位建国一代人士，并向 14000 名教育工作者和员工致以敬意。[14]媒体也积极报道了教育先驱们的贡献。例如，莱佛士女子小学（Raffles Girls' Primary）的前校长阿毕法加（Ambiavagar）女士（2015 年已 100 岁）在学生营养问题严峻时期，竭尽全力确保学生们得到足够的营养。前英联邦中学（Commonwealth Secondary）校长巴拉戈帕尔（Balagopal）先生（2015 年时 84 岁）曾被派往偏远的圣诞岛，前往该岛需要在波涛汹涌的海上航行三到四天。另外，班德拉（Bandara）女士（2015 年时 76 岁）把一个浴缸埋进地下，在海格女子学校（Haig Girls' School）建造了一个生态池塘。虽然学校没有足够的资金来建造生态池塘，但学生们对科学的热情激发了这项创新，班德拉巧妙地实现了这个创意！

这些教育先驱们以及许多像他们一样的建国一代，展现了强烈的责任感和内在动力。他们是开拓者，在艰苦的条件下工作，虽然工资微薄，却依然坚持不懈。教育先驱们体现了新加坡教育工作者应具备的价值观、技能和奉献精神，在充满挑战和需求的时代勇敢前行，取得了显著成就，为国家建设奠定了坚实的基础。他们以智慧、坚韧和责任感为核心，展现了教育事业崇高的一面。如今，新加坡正努力传承和发扬这种先驱精神，鼓励教师从全局的角度看待自己的角色，认识到自己在新加坡发展历程中的重要性。正如王瑞杰所说：[15]

未来 50 年将是一个充满波动、不确定性、复杂性和模糊性的时代，甚至比过去更具挑战性，因为技术变革和全球化的速度更快。在这样的挑战中，教师的责任尤为重要。教师要帮助学生培养价值观和品格力量，使学生在瞬息万变的世界中保持内在的定力。我们的教育先驱曾教导你们的父母要自立自强，你们也将如此，传承并发扬这种进取精神，让这种精神代代相传。

新加坡深知，问责制的要求不应削弱教师的责任感。事实上，如果设计得当，质量保证体系应当支持教育工作者的努力。因此，2011 年，当越来越多的教师反映卓越学校模式的流程占用了他们的教学时间，教育部对卓越学校模式进行了简化，将流程缩减至原来的三分之二。[16]

新加坡的教育体系正在一个复杂而动态的环境中运行，尽管这一环境与教育先驱们所面对的情境截然不同，但核心原则却始终如一。有人认为，随着新加坡社会的逐步成熟，人们的价值观也发生了变化。那么，今天新加坡教师的内在责任感是否依然强烈？许多教师告诉我，如果没有源自内心的责任感的驱动，他们绝不会在教学中投入如此多的心力与精力。以圣升明径学校的故事为例。在圣升明径学校，教学不仅是一份职业，更是一项使命，致力于服务那些可能被社会边缘化或面临辍学风险的学生。然而，这并非易事。对于一些教师而言，"多付出一分努力"已成为他们的座右铭；而另一些教师则坚守着"不让任何人掉队"的原则。"关爱学生"在学校中被明确传达，并深深根植于每位教师的心中。学校以"牵系人生"为指导原则，许多教师怀揣着触动生命、改变世界的理想加入了学校，在帮助学生成长的过程中超越了自身的职责要求。这些教师对职业充满热情，二作对他们而言是一种爱的奉献。而在这个过程中，学生们也深刻地影响了教师的生活，因为双方都触及到人性的核心。

这种爱的奉献是脚踏实地的，虽然不一定光鲜亮丽，但却在长期的坚持中发挥了深远的影响。它悄然改变了生命，不是以戏剧性的方式，而是通过稳健、默默的方式。我分享两个故事，为保护相关人员的隐私，已对一些细节进行了修改。

学生 S 来自单亲家庭，家庭失和让他失去了上学的动力，与朋友的相处也屡屡出现问题。许多个早晨，他穿上校服出门，却乘坐公交车在城市中漫无目的地穿梭，直到下午才回家。负责 S 的 T 老师对这些问题学生充满关爱之心，为了有效地帮助他们，T 老师付出了极大的努力去了解他们的背景，建立信任关系，并找出他们不良行为的根源。T 老师注意到 S 对新加坡的公共交通系统非常熟悉，于是主动与他聊起这个话题，并从中逐渐了解他逃避学校的原因。T 老师成功让 S 相信，自己是站在他一边的，真心希望帮助他变得更好、更快乐。T 老师还与 S 的父母沟通，帮助他们改善彼此之间的交流方式。在 T 老师的建议和指导下，S 的出勤率提高，行为表现逐渐好转，信心也随之增加。最终，S 顺利从圣升明径学校毕业，并获得了工艺教育学院的技能证书。

学生 U 的父母在她小学时离婚，由外婆负责照顾。她常常被卷入父亲和外婆之间的监护权争夺中，双方都想要获得她的监护权，但经济上都无力负担她的抚养费。更糟糕的是，双方都不愿意提供申请经济援助所需的文件，这导致 U 有时身无分文。U 在情感上非常脆弱，自尊心也很低，逐渐疏远了学校和家。V 老师是一位低调而富有爱心的教师。他了解 U 的情况后，花时间在她常去的地方寻找她，劝她回学校。他不仅给予 U 精神上的支持，还帮助她申请了经济援助。然而，有一次，U 的继母将她带离学校几个月，并指责 V 老师对 U 进行"洗脑"，甚至向教育部投诉。尽管遭遇这些挫折，V 老师仍勇敢地提出与 U 的父母面对面交流。这次会面虽然紧张，但他的坚持得到了回报，U 的父母尽管不情愿，但最终还是同意让 U 继续上学。

这些故事在新加坡的学校中并不少见，是教师责任感在校园中的具体体现。没有任何问责制要求教师付出这些额外的努力。圣升明径学校的创始校长王祚隽（Wee Tat Chuen）在 2009 年至 2013 年担任校长时，曾与我分享过他的领导经验。这样一所学校是如何在高问责制与高责任感之间找到平衡的呢？据王校长所说，他的主要领导策略是找到学校"生活世界"和"系统世界"之间的平衡。[17]

学校的"生活世界"关乎文化，它是价值观与信仰的精髓，是需求与目的的表达，更是师生的共同追求。而"系统世界"则是一个由工具和手段构成的世界，旨在实现具体的目标。前者是关于目的、规范、成长与发展的世界，后者则聚焦效率、结果和生产力。两者虽各有其重要价值，但也同样不可或缺。以下是王祚隽校长的分享：[18]

> 如果平衡得当，系统世界和生活世界可以相互促进。然而，要实现这种互惠关系，"生活世界"必须具备生成力，成为推动"系统世界"的核心力量。要么"生活世界"决定"系统世界"的形态，要么"系统世界"塑造"生活世界"的面貌。在圣升明径学校，我们拥有一个强大的"生活世界"。
>
> 超过一半的学生来自低收入家庭，这对学校产生了诸多影响。我们有一个清晰的愿景：希望每位学生都能以关爱他人的形象毕业，并在个人成长过程中取得成功。我们相信，通往成功的道路不止一条。我们的使命是帮助学生学习和成长，为他们毕业后的人生旅程做好准备。我们的工作受三项原则的指引：连接生命、培育个性化成长、创造机会让学生蓬勃发展。
>
> 如果我们认为，像圣升明径学校这样的学校只需要一个吸引人的"生活世界"就能够确保教学和关爱的落实，这是短视的。事实上，一个强大

的"系统世界"是支持学校"生活世界"蓬勃发展的关键。这一点无论如何强调都不过分。然而，我始终坚信，应该由"生活世界"驱动"系统世界"，而不是反过来。

对于圣升明径学校而言，"系统世界"关注的是效率、成果和生产力，特别是如何识别并触达有需求的学生——那些在经济、情感或学习上需要支持的学生。"系统世界"还致力于设计和实施适合这些学生的学习体验，帮助他们在未能取得学术成功的情况下找到新的成长路径。这也包括如何甄选合适的教职员工加入团队，并让他们在接下来的任务中得到充分发展与有效参与。

为了培养关怀文化，"系统世界"必须确保以下关键要素得以落实：首先，教职员工需要有足够的时间和空间去了解学生及其背景；其次，需要建立一个明确的转介系统，清晰地划分每个帮助阶段的责任；此外，还需建立一个让相关教职员工定期交流的机制，以确保对每位学生的关怀都能够根据其需求和情况灵活调整。在这个过程中，学校领导层、中层管理人员以及教职员工各司其职，各自承担不同的责任。问责制为"系统世界"的运作提供了有力支持，但"生活世界"决定了这一问责制的具体实施方式。问责制基于关怀，并在宽容与真诚的领导下推进。

在圣升明径学校创立初期，尽管我们依赖其他学校常用的流程和结构与学生互动，但教职员工们却迅速根据学生的具体需求调整方法，并从彼此的经验中不断学习。许多教师很快意识到，单纯通过电话联系缺勤学生并不足以有效触达学生及其家庭。因此，他们开始上门探访学生及其家人。如果这种方法仍无效，他们甚至主动在学生可能逗留的地方寻找。教师们不仅要求学生回校，还努力理解学生和家庭的深层价值观和动机。同

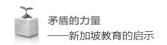
时，教师们也明白，初步的成功往往难以维系，要真正改变这些学生的生活，必须进行多次尝试，反复与他们建立联系。

这些年来，我见证了各年级团队如何团结合作，支持那些有不同需求的学生，如离家出走的学生、因家庭问题无家可归的学生以及那些因家庭矛盾而心灵受创的学生。随着我们不断支持学生并培育学校倡导的"生活世界"，有组织的关怀体系被逐步完善。

人们常说，教师是改善学生学习的最关键因素。在圣升明径学校，我每天都能感受到这一点。那些加入我们团队的教师在申请时就已清楚，他们将面对许多挑战。在学校成立之初，有超过一百人申请，但最终录取的不足二十人。这些教职员工怀揣热情、经验与才华，持续在学生的生活中产生深远的影响。例如，教师鼓励学生学习潜水并引导他们实现目标；放学后，教师教授学生烘焙技能，甚至为其安排实践机会；教师发现学生的舞蹈天赋，竭尽全力帮助其进一步发展；教师教授学生摄影技巧，并帮助学生获得有偿工作。这些付出都超出了教师的职责范畴，完全源自他们的热情和内心强烈的责任感。

我在圣升明径学校的五年里，多次遇到这样一种情况：学生渴望进入一个关心他们的学校，一个让他们能够参与真实学习、接受挑战并不断成长的地方。为了满足学生的需求，学校必须同时拥有强大的"生活世界"和"系统世界"，而且必须由"生活世界"来驱动！

总结

新加坡的教育体系既体现了自上而下的高度集中、竞争性和问责驱动，同时也展现了自下而上的协作精神和以责任感为核心的价值观。在战略层面，它紧密而高效；而在战术层面，它赋予教育者充分的自主权。这个体系犹如一套精美的沙发，框架坚实有力，坐垫柔软舒适。政策为变革指明方向，问责制确保体系规范运行。然而，真正为体系注入生命力的是一线教育工作者的协作和责任感。

当新加坡在20世纪60年代首次推行双语政策时，许多教师并未接受过用英语教授数学、科学或其他学科的系统培训。因为多数教师是在母语环境中接受教育的，所以当他们被要求改用英语授课时，对许多人来说，这无异于一场噩梦。困难不仅在于如何迅速掌握英语教学的技能，更在于心理上的障碍——深知自己在英语方面的不足可能会影响学生的学习。然而，这项政策是为了国家的长远利益和未来发展而制定的。因此，先驱一代的教师们选择迎难而上，一边学习一边教学。经过多年的努力，新加坡才逐步达到大部分教师能够自信地用英语授课的阶段。然而，在政策初期，那些没有英语教育背景的教师咬紧牙关坚持下来，用他们的毅力成就了一代学生的成长。

我依然记得我的一些老师，他们并未受过英语教育，却不得不用英语授课。我能看出他们在英语表达上的挣扎，也知道如果他们能够用母语教学，效果会更加理想。但即便如此，他们依旧坚持了下来，而我也顺利毕业了。正因如此，作为一名教育工作者，我常对我的课程参与者，包括学校领导和教师说："**教育是一项代代传承的事业。**"上一代人承担起重任并为下一代人创造机会，以前有人为我们付出，如今轮到我们将这种精神传递下去，这就是新加坡教育的精髓所在。

参考文献

1 Ng, P. T. (2008). Quality assurance in the Singapore education system: Phases and paradoxes. *Quality Assurance in Education*, 16(2), 112–125; Ng, P. T. (2010). The

evolution and nature of school accountability in the Singapore education system. *Educational Assessment, Evaluation and Accountability*, 22(4), 275−292.

2　Ng, P. T. (2010). The evolution and nature of school accountability in the Singapore education system. *Educational Assessment, Evaluation and Accountability*, 22(4), 275−292.

3　Tharman, S. (2005, September 22). *Achieving Quality: Bottom up Initiative, top down Support*. Speech by Mr Tharman Shanmugaratnam, Minister for Education, at the MOE Work Plan Seminar 2005 at the Ngee Ann Polytechnic Convention Centre, Singapore. Retrieved from http://www.moe.gov.sg/media/speeches/2005/sp20050922.htm.

4　Ng, P. T. (2012). An examination of school leadership in Singapore through the lens of the Fourth Way. *Educational Research for Policy and Practice*, 11(1), 27−34.

5　Hargreaves, A. & Shirley, D. (2009). *The Fourth Way: The Inspiring Future for Educational Change*. Thousand Oaks, CA: Corwin.

6　Ng, P. T. (2012). An examination of school leadership in Singapore through the lens of the Fourth Way. *Educational Research for Policy and Practice*, 11(1), 27−34.

7　Ng, P. T. (2010). The evolution and nature of school accountability in the Singapore education system. *Educational Assessment, Evaluation and Accountability*, 22(4), 275−292; Ng, P. T. (2012). An examination of school leadership in Singapore through the lens of the Fourth Way. *Educational Research for Policy and Practice*, 11(1), 27−34.

8　Ng, P. T. (2016). Whole systems approach: Professional capital in Singapore. In J. Evers & R. Kneyber (Eds.), *Flip the System: Changing Education from the Ground Up* (pp. 151−158). New York: Routledge.

9　Hargreaves, A. & Shirley, D. (2009). *The Fourth Way: The Inspiring Future for Educational Change*. Thousand Oaks, CA: Corwin.

10　Ng, P. T. (2013). An examination of school accountability from the perspectives of school leaders in Singapore. *Educational Research for Policy and Practice*, 12(2), 121−131.

11　Ng, P. T. (2003). The Singapore school and the school excellence model. *Educational Research for Policy and Practice*, 2(1), 27−39.

12　Ng, P. T. (2013). An examination of school accountability from the perspectives of school leaders in Singapore. *Educational Research for Policy and Practice*, 12(2), 121−131.

13　Heng, S. K. (2014, August 1). Speech by Mr Heng Swee Keat, Minister for Education, at the 2014 Teaching Scholarship Presentation Ceremony, Grand Copthorne Waterfront Hotel, Singapore. Retrieved from http://www.moe.gov.sg/media/speeches/2014/08/01/speech-by-mr-heng-swee-keat-at-the-2014-teaching-scholarship-presentation-ceremony.php.

14 Heng, S. K. (2014, July 31). Celebrating the Legacy of Education Pioneers: More Than 700 Pioneers and Guests Experience "Back to School" Nostalgia at MOE's Pioneer Tribute Celebration, Ministry of Education: Singapore. Retrieved from http://www.moe.gov.sg/media/press/2014/07/moe-pioneer-tribute-celebration.php; Schoolbag (2014, August 4). *Kudos to Our Pioneer Educators*! Schoolbag the Education News Site, Singapore. Retrieved from http://schoolbag.sg/story/kudos-to-our-pioneer-educators!

15 Heng, S. K. (2014, August 1). Speech by Mr Heng Swee Keat, Minister for Education, at the 2014 Teaching Scholarship Presentation Ceremony, Grand Copthorne Waterfront Hotel, Singapore. Retrieved from http://www.moe.gov.sg/media/speeches/2014/08/01/speech-by-mr-heng-swee-keat-at-the-2014-teaching-scholarship-presentation-ceremony.php.

16 Heng, S. K. (2011, September 22). Opening Address by Mr Heng Swee Keat, Minister for Education, at the Ministry of Education (MOE) Work Plan Seminar, at Ngee Ann Polytechnic Convention Centre, Singapore. Retrieved from http://www.moe.gov.sg/media/speeches/2011/09/22/work-plan-seminar-2011.php.

17 Sergiovanni, T. J. (1999). *The Lifeworld of Leadership: Creating Culture, Community, and Personal Meaning in Our Schools*. New York: Jossey-Bass.

18 Adapted from Wee Tat Chuen's sharing of his thoughts regarding his experiences in leading APS.

矛盾现象四：少教多学，简学深悟

继续沿用过去无效的教学方法，不会产生更好的学习效果。

为孩子准备一顿饭时，首先需要挑选合适的食材，将其精心烹制成一道可口的菜肴，然后再将食物递给孩子，整个过程的完成依赖于孩子能够主动摄入、消化并吸收这些食物。教学与烹饪的过程类似。教师需要精心准备教学内容，并设计出吸引人的课程，将知识"喂"给学生，而学生需要主动摄入、消化并吸收这些知识，才算真正完成学习。

用"喂养"来类比教学中的一个常见问题是：教师或许非常用心地想要"喂养"学生，但学生却拒绝"进食"。遇到这种情况，教师的反应往往是：继续教！加倍教！用同样的方法反复灌输！教师甚至不惜"硬灌"，试图将信息强行塞进学生的脑海。如果上午9点的教学没有效果，那么下午4点就再来一遍。在新加坡，这种做法通常被称为"补习"。

新加坡的教师承担着繁重的教学任务，他们在教学、重复教学以及必要时的加倍教学上都非常认真、努力。然而，这种方式背后隐含着一个假设：学生只有在教师不断讲解的情况下才能学会。如果学生没有掌握知识，那么解决办法就是增加教学量，但简单重复过去无效的教学并不是达到更好学习效果的正确途径。要想帮助学生更好地学习，教师需要先理解学生的学习方式，并据此调整教学策略。这就像经营一家餐馆，顾客不愿意上门，厨师就需要了解顾客的口味，审视自己的菜品。如果厨师继续提供那些顾客不喜欢的菜肴，那么餐馆的生意不可能好转。

类似的，当你去看医生时，医生会在开药之前先诊断病情。试想，如果无论你得了什么病，医生都开出每天服用两片阿司匹林的处方，显然这样的医生不称职。同样的道理适用于教师，教师需要找出学生没有学会的原因，而不是一味地用相同的方法重复教学。然而，有些教师的教学方式多年未变，无论学生的特点如何，他们始终坚持一成不变的方式，这种固化的教学方法难以适应不同学生的需求。

因此，教师们需要意识到，解决学习问题的关键并不在于增加教学量，而在于改进教学质量。如果教师能够减少不必要的教学负担，提升教学的有效性，那么学生不仅能学得更好，而且会学得更积极投入。教师需要反思自己的教学方式，以更好地激发学生的参与感和主动性。以学生为中心是教学的核心理念，而这也正是"少教多学"理念的精髓。

什么是"少教多学"？

"少教多学"理念始于 2004 年，由时任总理李显龙在国庆群众大会上首次提出。他指出，近年来政府在教育体系中已进行了诸多改革，并将继续推进这些改革。然而，他也警示，尽管资源有所增加，但学校不应因此加大作业量或扩展课程内容，因为这将背离教育改革的初衷。事实上，他更倾向于减少部分课程内容，以缓解学生的压力，赋予他们更多探索的空间。他进一步阐述道：[1]

> 我们要少教一些，让学生学得更多。成绩固然重要，考试还是要通过的，但成绩并非生活的全部，还有许多其他重要的东西值得学习。

　　"少教多学"这一理念迅速传播，引起了公众的热烈讨论，媒体也对此进行了广泛报道。2005 年，教育部正式将"少教多学"确立为一项政策。当时的教育部部长尚达曼解释说，"少教多学"不仅是教与学模式的一次重要转型，还是"思考型学校，学习型国家"理念的延续，核心目标是将教育的重心从注重数量转向注重质量。他进一步阐述了如何具体实施这一理念：[2]

　　　　我们将努力精简课程内容，采取审慎且有计划的削减措施，为课程创造更多"留白"。这些"留白"将为学校和教师提供灵活性，使他们能够引入自主创新项目，提高教学质量。同时，这些"留白"也为教师腾出更多时间，用于反思教学方法和精心备课，并为学生提供更多自主权，让他们主动参与并塑造自己的学习过程。

　　在"少教多学"推出的前一年，新加坡教育部启动了"创新与企业"计划，旨在激发学生的求知欲和集体创业精神。[3]"少教多学"延续了这一理念，将"创新与企业"的精神深深融入教与学的过程中。更重要的是，"少教多学"突出了教育模式的转型，从以可量化指标为导向的成绩驱动型教育，逐步转向以质量为核心、追求多元成功标准和多样化学习途径的教育方式。

　　作为"思考型学校，学习型国家"理念的重要组成部分，"少教多学"标志着新加坡教育改革的重心从对宏观结构的调整转向对教与学动态的细致探讨，重新诠释了知识与教学法的内涵，成为教师教学的新指导原则，推动新加坡打造以 21 世纪技能为核心的全新学习环境，而不仅仅局限于传授学术知识。在"少教多学"的框架下，学生将摆脱对死记硬背、重复测试和标准化教学的依赖，课堂教学将更加注重通过体验式发现、差异化教学、终身技能学习以及创新有效的教学策略来吸引学生参与，同时注重品格塑造。要实现这一"质量"突破，教师需要重新审视教学的意义、内容和方法[4]，学生则需要积极参与，成为教学过程中的主动学习者，展现对学习的浓厚兴趣。在这一愿景下，教师和学生将通过合作学习、问题导向学习和项目式学习等多种教学模式，共同参与丰富多样的学习活动，如头脑风暴、问题解决、真实任务实践，甚至同侪教学。[5]

世界其他地区的大规模教育改革为新加坡提供了宝贵的经验。从 20 世纪 50 年代末到 20 世纪 60 年代，美国开展了一系列大规模的全国性教育改革，试图通过国家体制层面的举措来改革学校和课程。然而，十多年后，除了少数成功的案例，课堂教学并未发生实质性变化。[6]美国学者埃尔莫尔（Elmore）指出，尽管大规模体制改革所耗巨大，但改变教师的日常教学实践远比许多政策制定者想象的复杂得多。[7]在创新压力和政府奖励的推动下，许多学校提出了响亮的改革口号，但在实际执行时只停留在表面，看起来好像有了改变，但教与学的核心内容并没有真正发生变化。

新加坡对此有着深刻的认识。新加坡明白，教育改革不能停留在宏观结构的调整上，而是必须深入学校的核心，真正改变课堂教学的方式和师生互动的方式，仅仅在系统层面进行变革，无法确保学生的积极参与和投入。[8]我常对新加坡的学校领导和教师强调，学生的学习体验并非来源于政策，而是来源于教师的教学。因此，在推动系统层面改革的基础上，"少教多学"理念试图深入学校的根本，着眼于课堂教与学的动态变化。然而，要真正实现这一目标，远比说起来更加困难。

参与式学习包括三个关键方面：情感、行为和认知。情感上投入的学生会觉得学习有趣、有价值，并充满动力；行为上投入的学生能够意识到学校学习与他们生活的关联性；认知上投入的学生在面对需要智力挑战的任务时，能够激发出内在的动力。[9]为了帮助教师更好地理解和实施"少教多学"，教育部于 2005 年向所有学校发放了"参与式学习与教学工具包"（即资源集，以下简称工具包）。根据该工具包的建议，学生在以下情况下更有可能积极参与学习：[10]

- 教师采用适合学生的教学方法；
- 教师设计能够激发思考、促进知识联系，并培养学生自主学习能力的学习活动；
- 教师营造一个安全、有激励性、充满信任的课堂氛围；
- 教师使用能及时反馈学生表现并帮助学生改进学习的评估方式；
- 教师为学生提供相关、真实且有意义的学习内容。

要判断教育是否真正从"数量"转向"质量"并不容易，但可以从以下几个方面观察：[11]

- 突出知识的构建，而非信息的简单传递；
- 注重对内容的深入理解，而非死记硬背；
- 进行有意识的教学，而非无意识的活动；
- 注重合作共建，而非孤立地学习；
- 鼓励自主学习，而非单纯地由教师下达指令；
- 推行形成性评价和自我评价，而非依靠总结性评价；
- 培养学习能力，而非仅仅获取学科知识。

这些方面均体现了新加坡教育体系中教与学方式发生了重大转变。

新加坡在实施"少教多学"理念的过程中，另一个棘手的问题是如何将这一理念与学习内容和考试成绩相结合。"少教多学"是否意味着学习内容不再重要或者不再需要练习，是否意味着需要牺牲考试成绩，答案显然是否定的。新加坡正在积极发展高新技术产业，例如生命科学和生物医学工程。这些领域需要毕业生具备扎实的专业知识，因此，内容的学习仍然至关重要。然而，目前的课程内容过于密集，确实需要适当地精简，但这种精简绝不意味着学生仅仅学习简略的概要。

练习同样是不可或缺的。有些人认为"重复练习"会扼杀创造力，但事实上，许多技能的掌握确实需要反复练习。你能想象一位钢琴家不进行定期练习却还能保持高超技艺吗？或者试想一下，十年没开车的人突然在伦敦或纽约的市中心驾车会是怎样的情景？因此，"少教多学"并不是要否定练习的意义。巩固所学知识的练习是必要的。然而，过度强调练习可能会影响学生的全面学习体验，不利于其长远发展。

以学习中国武术为例，如果你师从一位武术大师，他可能会首先要求你进行大量的体能训练以增强体质，之后才开始教你武功招式。虽然你可能对这些重复的训练感到枯燥无趣，但他依然会坚持让你练习。如果你只专注于那些看似华丽的招式，当你面对对手时，使用蛇拳或鹤形拳可能无法击倒对方，反而更有可能让对方笑倒在地，因为你的招式都是华而不实的。"少教多学"并非追求形式大于内容，而是让学生学得更多、更好，而非更少、更差。因此，如果"少教多学"真正实现了更优的教学方法和更高的学生参与度，并且学生确实学到了应该掌握的知识，那么他们的成绩不仅不会下滑，长期来看反而会有所提高，实施过程中出现偏差除外。

学生究竟该学习更多什么呢？让我们来看一个例子。两位国际象棋大师在决赛中对决，从某种程度上讲，两人都掌握了关于国际象棋的所有常规知识，都熟知所有的开局和残局，拥有丰富的经验，那么，谁会赢呢？答案是：

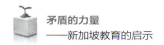
那个不拘泥于常规能够出奇制胜的人！综上，"少教多学"的挑战可以分为两个方面。学生不仅要扎实地掌握基础知识，还要学会突破常规，灵活应变，具备创新能力。学生需要学习更多能够让他们适应未来世界的技能，这个世界虽然他们还尚未亲身经历，但将深刻影响他们的未来生活和工作。

"少教多学"的教学模式应在学科内容与思维技能之间找到良好的平衡点。教师需要具备吸引学生参与的教学能力，同时引导学生掌握核心学科内容和相关的思维技能，不应将"少教多学"理解为仅仅是让学生参与趣味活动的代名词。学习始终是教学的核心目标。一个潜在的误区是，即使课堂活动形式发生了变化，学生可能依然通过传统方式获取知识，教师也可能继续沿用传统的教学方法，表面上的活动创新掩盖了教与学本质上的静止状态。课堂活动当然有其价值，但只有经过精心设计、能够真正促进学习的活动，才能称得上有效教学。活动不只是活动本身，它需要与教学目标和策略深度结合，才能实现学习的真正提升。

新加坡是否已经实现了"少教多学"的目标？显然还远远没有！从追求数量到注重质量的转变，是一条漫长且持续发展的道路。改变教师和学生根深蒂固的教与学习惯并非易事，且文化的转型也需要时间。目前的成果是喜忧参半的。尽管学生的参与度有所提高，教师的专业水平也在不断提升，但由于高风险考试和家长期望所带来的巨大压力，学生的学习环境依然紧张。[12] 然而，新加坡依然坚定不移地沿着这条改革之路前行，并为每一个细小的进步感到自豪。这场改革更像是一种追求，而非可以抵达的终点。

二十多年过去了，"少教多学"这个词可能已经逐渐淡出人们的视线，教师们的注意力开始转向新的教育计划。然而，将教学重点从追求数量转向追求质量的基本理念从未改变。教育体系将不断调整，力图在深度与广度、知识与技能、教师授课与学生自主学习、个人成绩与集体合作学习之间找到平衡。尽管平衡很重要，但核心仍是"少即是多"。[13]

　　改变教学风格或学习习惯这样高度个性化的事情，无疑是极具挑战性的，教师和学生需要适应由认知模式转变所带来的角色变化。在这种新模式中，教师不仅是信息的传递者或解决方案的提供者，还是学习机会的设计者。教师的职责是营造一个学习环境，使学生能够通过有意义的协作来解决问题，并完成真实的实践任务。他们的角色是通过指导与辅导来促进学生学习，而不是单纯地授课。在如今信息唾手可得的互联网时代，教师需要与学生一起，共同踏上知识探索的旅程。这种共同学习的过程，不仅丰富了学生的学习体验，而且重新定义了教师的价值和作用。

　　在这种新模式中，学生需要对自己的学习负责，需要学会自主规划，并在学习过程中变得更加独立。这要求学生和教师都具备较高的成熟度：学生需要适应不再被"喂"知识的学习模式，而教师则需要有足够的信任和放手的勇气，让学生在学习过程中承担更多的自主性。一些教师认为，这对许多新加坡教师来说是一个难以逾越的障碍。即使是拥有多年传统教学经验的教师，也需要保持开放的心态，尝试新的教学方法，以适应教育领域的不断变化。新加坡建立了完善的教师发展平台，包括教学指导、师徒结对和专业学习团体（Professional Learning Communities，PLCs），这些都是卓有成效的学习机制。然而，即便有这些发展平台，学校领导和教师仍需进一步挑战自己对教学的固有观念。如果缺乏批判性反思和改变的意愿，经验传授和实践分享反而可能会固化陈旧的方法，不能促进创新。

　　综上，推动"少教多学"变革包含两个层面：一方面，通过丰富的实践经验分享在一定程度上改进教育体系；另一方面，只有质疑现有思维模式才能实现真正的突破。当前，新加坡在前一方面做得较好，但在质疑思维模式上相对薄弱，还需加强力度。

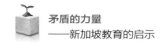
"少教多学"是否能培养孩子的创造力？在我看来，孩子天生具备创造力。当他们年纪尚小时，充满了好奇心，常常提出许多连成年人都难以回答的问题，并表现出丰富的想象力。看看他们玩耍的过程就明白了，玩耍本身就是一种高创造性的活动。他们常常模仿电影中的角色和情节，通常是一群小伙伴一起表演，每个人都想当主角。他们都是天生的表演者，能够充分地表达自我。然而，一旦进入学校，他们的这种表达欲就渐渐消失，变得对学习缺乏兴趣，创造力也受到抑制。因此，要在有益的学习环境中设计有意义的参与式学习任务，让孩子天生的创造力在学校中得到充分释放。**孩子天生拥有创造力，学校应当加以培养，而不是抑制**。这也是"少教多学"理念在实施过程中面临的核心挑战之一。

教育中的信息和通信技术

"少教多学"还与信息和通信技术（Information Communication Technology，ICT，资讯科技）在教学中的应用密切相关。新加坡第四阶段的资讯科技总蓝图为"少教多学"的进一步发展提供了机遇。自 1997 年至 2014 年，新加坡已经实施了三个阶段的资讯科技总蓝图，并为在教育中广泛使用资讯科技奠定了坚实基础。新加坡全国范围内的网络覆盖率和资讯科技普及率都很高。每所学校都配备了无线网络，大多数学校还拥有自己的学习管理平台。教师和学生大都有自己的笔记本电脑或移动设备。当前的挑战在于如何让教师和学生在教与学中充分、有效地使用资讯科技。教师可以借助资讯科技设计个性化、选择性、挑战性、趣味性、广度和深度兼具的课程，多名学生可同时通过线上讨论平台参与讨论，这在传统课堂中是难以实现的。资讯科技还扩大了教育的覆盖面，使学生可以随时随地获取学习资源，不受时间和空间的限制。教育部目前正在开发一个学生学习平台，为全国所有学生提供优质的数字学习资源，不论他们就读于哪所学校。

然而，新加坡的重点并不在于资讯科技本身，而是鼓励并帮助教师掌握技术能力，以探索如何利用这些工具设计更加以学习者为中心、更具吸引力的课程，创新教学方法。教与学是一个高度情境化的过程，资讯科技只是提升这一过程的手段，而不是目的。无论这些科技设备的功能多么强大，教师都不应为了使用而使用。许多学校正在尝试模块化教学、翻转课堂和线上学习等创新方法。新加坡认识到，其中的关键在于培养教师适应变化的能力。

资讯科技在教育中的重要性愈发显著，无论是在应用的广度还是深度。教师因此会变得多余吗？绝不可能！相反，随着科技设备的广泛应用，教师的作用将比以往任何时候都更加关键。在社交媒体和聊天室盛行的时代，教师既需要教导学生如何在使用技术时遵循伦理，又需要培养学生应对互联网海量信息的能力，帮助他们辨别虚假信息与真实信息。这意味着教师必须拥有较强的信息整合能力，并善于引导学生深入学习。课堂教学也将变得更加珍贵，因为它聚焦于学生高阶思维的培养，而不再局限于单向的知识传递。随着虚拟学习空间的日益普及，实体教室中的学习体验和与教师的直接互动可能会变得更加稀有且有价值。无论新加坡如何推动资讯科技在教育中的应用，都绝不会以牺牲教学能力卓越、敬业尽责、关爱学生的教师为代价。

这个过程还存在一个潜在的盲点：在教与学的过程中，学生被视为由成年人监管的儿童。这并不意味着新加坡学校缺少学生的声音。在许多新加坡学校，学生拥有自己的组织，并在课外活动中担任领导角色。他们还可以通过各种平台向学校提供反馈。每年，有500多名来自各大学先修学院的学生聚集在大学先修班研讨会上，从他们的角度讨论国家层面的问题。然而，在学科的教与学中，教师仍然完全处于主导地位，这不利于充分激发学生的智力潜力。[14]

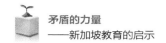
21世纪的学习者是数字原住民。一些学生，甚至许多学生，在资讯科技的运用方面比他们的教师还要精通。因此，教师必须意识到学生是学校系统中集体智慧的重要组成部分。[15]这些数字原住民是推动学习进步的重要资源。他们从小就接触大量的数字技术，将这些技术运用自如，并且每天通过各种虚拟方式进行互动，这深刻影响了他们的学习和交流方式。因此，我们应该让学生更积极、更有力量地参与到教与学的社会和科技环境的构建中来。教师不应只考虑自己如何运用资讯科技帮助学生，而应询问学生如何通过资讯科技提升他们的学习效果。这是新加坡需要更加努力的领域。

新加坡在教育科技领域的发展方向是什么？2015年，新加坡总理公署下属的国立研究基金会（National Research Foundation，NRF）启动了"学习的科学计划"。该计划旨在通过科学方法分析新加坡教育的效果，并寻找新的策略以帮助学生更好地学习。[16]具体来说，"学习的科学计划"希望通过研究人类大脑的认知过程，结合神经科学技术，探索提升学习效果的方法。[17]最终，他们希望利用这些研究成果推动更先进的科技辅助教学方式。

网络健康也很重要。为此，政府成立了跨部门网络健康指导委员会，负责引导和推动网络健康教育的相关工作。目前，跨部门网络健康指导委员会正在深入探索如何鼓励并帮助年轻人积极、安全地使用互联网，研究的重点包括网络安全、预防网络犯罪、健康的网络游戏行为，以及防止网络成瘾与网络欺凌。研究还涉及父母在子女网络健康教育中所扮演的角色及其所需的知识和技能。尽管这些研究仍处于初期阶段，但新加坡已经注意到这一重要且日益紧迫的问题，并开始有所行动。

鼓励"少教多学"

国家如何鼓励学校在课程实施和教学方法上实现变革？答案是采取切实可

行的措施。为支持"少教多学"的理念，新加坡教育部于 2008 年推出了"少教多学启动计划"，这是一个涵盖多项教学资源与策略的综合计划，为学校在课程定制、差异化教学、探究式学习和问题导向式学习等方面的创新提供资金支持。该计划自推出以来，推动了许多值得深入探讨的教学理念的传播。到 2009 年，已经有超过一半的新加坡学校通过本地出版物和各类平台分享了它们的课程创新成果，部分学校甚至在国际会议上展示了其"少教多学"的实践成果。[18]

教育部的评估显示，随着"少教多学启动计划"的深入，教师在课程设计方面的能力有所提升，教学方法和评估模式也变得更加多样化。到 2010 年底，约有四分之三的新加坡学校已利用教育部提供的资源和专业知识来支持他们的创新。部分教师反馈称，"少教多学启动"不仅激发了他们在教学方法上的创新，还增加了他们的备课时间。[19] 自 2005 年"少教多学"理念推出以来，许多学校积极响应，开展了各类计划和举措。

以下是"少教多学启动"推出后的一些学校案例。[20] 在淡滨尼小学（Tampines Primary School），学生通过戏剧学习社会知识，或通过创作漫画讲述故事。这些有趣的课程让学习变得生动有趣。这些变化源自学校在 2006 年启动的有效教学与参与学习实践（Practices of Effective Teaching and Engaged Learning，PoETEL）框架。有效教学与参与学习实践是一个集课程规划与执行、课程评估和专业发展于一体的框架，也是"少教多学启动计划"下的校本课程创新。它帮助教师从整体上审视教学，关注学习成果、课程内容、学习过程、思想氛围和社会情感氛围这五个领域，为学校课程带来了许多积极的变化。学生变得更加投入，学习的乐趣大大提升，课程也更加生动活泼，且更加注重协作。[21]

以辅华小学（Fuhua Primary School）的一堂课为例，原本在教室里三五成群活动的学生，听到鼓声后立刻静止不动。作为一系列精心设计的环节，一组学生迅速响应老师的指令，表演故事中的某个场景，随后再次定格。随后，老师发出新的指令，另一组学生表演戏剧的下一个片段。在另一间教室，学生们则在练习为彼此的演讲提供反馈。这些活动是 2011 年启动的戏剧课程的一部分。该课程源自"少教多学启动计划"，作为英语课程的一个重要组成部分，旨在通过戏剧活动帮助学生拓展词汇量，提升学生的听力、理解力和表达力。[22]

以裕廊中学（Jurong Secondary School）为例，2007 年学校对部分中一科学课程进行了重新设计，采用了问题导向学习（Problem-Based Learning，PBL）教学法，学生们被引导去调查和解决现实生活中的问题。例如，一位居民曾致信报社，表达对人类活动影响裕廊湖公园生态系统的担忧。学生们以此为题，分组进行调查，并提出他们的解决方案。根据一些学生的反馈，问题导向学习教学法不仅有趣且富有意义，还让科学学习变得更加轻松和有效。通过这一方法，学生们不仅掌握了科学知识，而且学会了团队合作、研究方法、演讲技巧和自主学习等技能。部分老师也认为这是一个难得的机会，可以学习并尝试新的教学方法。[23]

这些例子中值得注意的是，学校愿意在一个协调、共享的体系中分享他们的创新实践，从而推动创新的传播。目前的挑战在于评估这些创新是否具备被推广到整个教育体系的潜力。尽管新加坡通过协调、支持和资金援助等具体举措，积极鼓励学校进行实验和创新，但教育变革的核心依然在于人们观念的转变。长期以来，新加坡的教师习惯于帮助学生取得优异的考试成绩。那么，这种观念是否会发生改变？这是一个至关重要的问题。经过十多年的"少教多学启动计划"，教师对优质教育的理解是否有所改变？

为探讨这一问题，我对一些学校的中层领导进行了研究和访谈，因为他们既负责领导教师团队，又直接参与教学工作。他们普遍认为，优质教育应注重学生的全面发展，培养学生面向未来的知识与技能，传递正确的价值观，并帮助学生养成积极的学习态度。[24] 例如，一位受访者表示："优质教育不仅要让学生在学业上取得优异成绩，而且要传授正确的价值观。同时，还应培养学生的软技能，如规划未来的能力。此外，人际交往能力和团队合作能力也是不可或缺的，能够帮助学生为未来的挑战做好准备。"

另一位受访者则补充："优质教育的目标是为学生的生活做好充分准备，使他们能够迎接未来的挑战，找到适合自己能力和自己感兴趣的职业，能够为社会作出贡献，养育家庭，并享受实现个人目标和职业目标所带来的满足感。当前，新加坡的挑战在于如何继续重塑教育，使学生具备成为独立学习者的技能和知识，从而能够适应任何环境并蓬勃发展。"

优质教育的实现取决于优质教师的授课、健全的教与学过程以及良好的学习环境。[25] 一位受访者简明扼要地指出："优质教育是优质教学、优质学习以及师生之间的良好关系。"受访者们给出了关于优质教育的一些例子，包括以下几点。

- **因材施教**：针对不同能力的学生采取不同的教学方法。
- **指导反馈**：帮助学生不断进步。
- **启发思维**：提出高阶思维问题。
- **图解概念**：帮助学生理解知识之间的关联性。

关于学生是否达到优质学习的效果，受访者们提到了以下几个表现。

- **积极参与**：学生积极参与课堂，表现出强烈的学习动力。
- **主动探索**：学生主动探索，寻求提升学习效果的方法。
- **发问探讨**：学生提出多样化的问题，以澄清疑惑并深入探讨假设。

有意思的是，受访者们都提到了学业成就和学习乐趣。[26] 一位受访者说："学业和非学业的成就之间要找到'平衡'。学生确实应该努力达到应有的成绩，但也不该因为日常追求卓越而感到压力。相反，他们应该有机会和平台去接触各种科目和技能。"

整个研究中最有趣的发现是，受访者们在谈到优质教育时，并没有提到任何可量化的指标，比如 PISA 测评。相反，他们更关注教育中那些柔和且高尚的方面。[27] 如果优质教育的特点在于敬业的教师、出色的教学方法、积极的学习态度和高阶的思维能力，那么这或许正是新加坡在国际测试中表现优异的原因之一！

新加坡数学教育真的"少教多学"吗？

2015 年初，一道数学题在互联网上引发热议，许多人认为这道题对一般中小学生来说太过困难。这道数学应用题要求学生计算一个虚构的女孩"雪儿"的确切生日。此题被误解为新加坡 11 岁普通小学生应能解决的"常规"问题，并被视为新加坡数学教学严谨性的例证。据了解，这实际上是 2015 年新加坡暨亚洲学校数学奥林匹克竞赛中学组的试题。一位曾任英国独立学校的数学老师评论道："如果让普通的英国学生面对这道题，他们会感到恐慌，甚至不会尝试去解答，因为纯逻辑推理题并不在他们的课程范围内。"[28] 在互联网上搜索，可以很容易找到来自世界其他国家的类似报道。"新加坡数学"已成为一个国际谜题。

扎实的数学基础对个人在学业和未来职业方面的成功都具有深远影响。[29] 可以说，数学教育已成为西方教育改革的核心，尤其是美国和英国，这两个国家都将新加坡的数学课程视为教育体系的典范。[30] 许多国家纷纷引进新加坡的数学教材，并认为其效果显著。OECD 的数据显示，新加坡学生在学习，特别是数学学习方面，表现出高度的学习动力、参与度和自信心。新加坡学生不仅对数学学习兴趣浓厚，还对完成各类数学任务充满信心。[31] 在国际标准化评估中，新加坡的成绩超过了美国和欧洲的其他参与国家。那么，新加坡的数学教学方法究竟有何独到之处？是什么使新加坡在全球众多的教育体系中脱颖而出？

让我们先来听听海外用户对新加坡数学教材的评价。2010 年的一项研究表明，美国马萨诸塞州将新加坡数学纳入州课程后，学生的成绩显著提升。[32] 特别是马萨诸塞州里维尔的加菲尔德小学，自采用新加坡数学教材以来，学生表现不断改善：[33]

> 三年前，加菲尔德小学开始使用以新加坡官方课程为蓝本的数学教材，目前该教材在美国约 300 个学校系统中使用。许多学校系统和家长将新加坡数学视为"改革数学"课程的替代方案，而"改革数学"课程源自数学委员会的早期建议。初步数据显示，加菲尔德小学四年级学生在州统考中的数学不及格率从 2005 年的 23% 降至 7%，而达到优秀或熟练水平的学生比例从 40% 上升至 43%。

在另一项研究中，一位来自新泽西州的数学老师指出：[34]

> 新加坡的数学课程首先通过动手实践让学生体验学习，然后利用图形展示帮助学生在脑海中形成数学概念的图像，最后进入抽象阶段，引导学生使用数字和符号进行解题。这种方法不仅让数学学习变得有趣且富有意义，还培养了学生对数学的积极态度。

2015 年 2 月，英国的纵向研究中心（Centre for Longitudinal Studies）发布的一项影响研究进一步表明，新加坡的数学教学方法确实提高了中小学生的数学技能。[35] 研究人员指出，这种方法减少了对重复学习内容的需求，促进了学生的深度理解，而非机械记忆。[36]

那么，新加坡数学成功的秘诀究竟是什么呢？其实，这并不是秘诀，更不是什么魔法。如果你去问新加坡的数学老师新加坡数学成功的秘诀是什么，他们可能会一笑置之。新加坡的数学教学方法并不依赖于某种特定的理论，而是基于对良好教学方法的基本理解。新加坡的数学教学通常基于认知发展理论，认为学生需要先理解具体的例子，才能逐渐掌握抽象概念。通过从具体到抽象的学习过程，学生才能够更深入地理解数学概念。

在合适的条件下，新加坡的数学老师通常会在课堂上安排一些活动，帮助学生将数学与现实生活联系起来，这在基础阶段尤为有效。作为从具体到抽象的一个环节，学生们可以通过绘制图形来理解这一过程。新加坡数学教育中著名的"模型图"就是一种图形化解题策略，专门帮助小学生解决应用题。它只是众多应用题解题方法中的一种，通过可视化手段提升学生的理解能力。对于年级较高的学生（如中学生）来说，数学内容并非总能与生活情境产生联系，也不一定需要通过图形表示来解题，但这一策略能帮助他们将当前的学习内容与已有的知识联系起来，使数学学习更具意义。

在教学中，启发式方法的解释和呈现必须清晰，并需要有逻辑支架来帮助学生系统地发展数学概念和技能。概念理解与启发式方法的掌握是相辅相成的。新加坡教师的教学方法会根据不同学生的特点进行差异化的调整。对于数学较弱的学生，教师会尽量减少教材的认知负担，更加专注于课堂上的动手实践任务。之后，学生通过练习各种类型的问题来真正运用所学知识。如果他们无法在不同情境中运用知识，这就意味着他们尚未完全掌握这些概念。练习之所以重要，是因为学生需要具备技术能力，只有在熟练掌握基础技能的前提下，他们才能进行高阶思维，并完整地执行解决问题的过程。

有关练习的这一点至关重要。要想成为世界级的乒乓球选手，必须经过数不清的训练，以达到高超的技术水平。这种技术能让运动员在瞬间判断如何接住对手的扣杀，并打出一个反守为攻的回球。顶尖选手常常给人一种从容应对的印象，尽管整个动作只在一瞬间完成。他们为何能够如此迅速地移动，且在快速移动中思考？这正是因为他们的技能炉火纯青，释放了心智空间，让他们能够展现创造力，而不仅仅是机械地执行。想想顶级厨师比赛，尽管选手们对高级菜肴有着深厚的理解，并构思出极具创意的菜品，如果无法在规定时间内完成，同样会被淘汰。只有在技能扎实的基础上，选手们才能腾出时间与空间来激发创造力。

在数学学习中，学生在解决应用题时，首先要从题目中提取信息，建立所需的方程组，这是问题解决的核心，而解方程则是解决问题的技术步骤。学生应通过适量的练习掌握解方程的技能，避免过度练习。如果他们缺乏解方程的技能，将会因同时面对问题的分析与求解方法而感到筋疲力尽。实际上，问题解决能力在一定程度上是可以通过练习来提高的。一旦学生掌握了某些类型问题的解决方法，他们的思维便会逐渐适应类似的题型。新加坡教育的目标是培养学生的勇气，使他们能够从容面对全新、陌生的问题，不畏惧挑战。

新加坡数学教育的一大优势还在于，新加坡致力于确保数学教师在完成职前培训后，能够迅速适应学校教学环境，一开始任教就具备教授多种数学主题的能力。师范生并非只学习一些通用原则和例子，然后被期望在学校独自运用这些方法。相反，在成为正式教师之前，他们已经接受了涵盖各类主题的教学法培训，并进行了充分的实践。成为初级教师后，他们还将在学校得到持续的

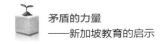
指导。这一模式的核心理念是创建一个不断学习和实践的循环。

由此可见，新加坡在数学领域的成功并非出于"魔法"，而是源于系统的教学法。同时，新加坡也在持续改进。与许多其他学习领域相似，形式和内容同样重要。努力与实践为创造力的释放提供了空间，当前的挑战在于如何确保这一创造性空间得到更充分且更有效的利用。

总结

新加坡认识到，教育改革需要有足够的深度，才能真正改变课堂教学和师生互动的本质。"少教多学"的理念不仅适用于新加坡教师，还适用于世界各地的教师。如果教师在课堂上讲授得更少但更有效，学生的学习效果将会更好。未来多年，教师将面临的挑战是如何改进教学方式，激发学生主动参与。

参考文献

1 Lee, H. L. (2004, August 22). *Our Future of Opportunity and Promise*. Prime Minister Lee Hsien Loong's National Day Rally 2004 Speech at the University Cultural Centre, NUS. Speeches and Press Releases. National Archives of Singapore, Singapore. Retrieved from http://www.nas.gov.sg/archivesonline/speeches/record-details/77f762e5-115d-11e3-83d5-0050568939ad.

2 Tharman, S. (2005, March 9). Parliamentary Reply by Mr Tharman Shanmugaratnam, Minister for Education, at the Singapore Parliament. Retrieved from http://www.moe.gov.sg/media/parliamentary-replies/2005/pq09032005.htm.

3 Ng, P. T. (2005). Innovation and enterprise in Singapore schools. *Educational Research for Policy and Practice*, 3(3), 183–198.

4 Tharman, S. (2005, September 22). *Achieving Quality: Bottom Up Initiative, top down Support*. Speech by Mr Tharman Shanmugaratnam, Minister for Education, at the MOE Work Plan Seminar 2005 at the Ngee Ann Polytechnic Convention Centre, Singapore. Retrieved from http://www.moe.gov.sg/media/speeches/2005/sp20050922.htm.

5 Tharman, S. (2005, September 22). *Achieving Quality: Bottom Up Initiative, top down Support*. Speech by Mr Tharman Shanmugaratnam, Minister for Education, at the MOE Work Plan Seminar 2005 at the Ngee Ann Polytechnic Convention Centre, Singapore. Retrieved from http://www.moe.gov.sg/media/speeches/2005/sp20050922.htm.

6 Goodlad, J. I. & Klein, M. F. (1970). *Behind the Classroom Door*. Worthington, OH: Charles A. Jones; Sarason, S. (1971). *The Culture of the School and the Problem of Change*. Boston: Allyn & Bacon; Gross, N., Giacquinta, J., & Bernstein, M. (1979). *Implementing Organizational Innovations*. Berkeley, CA: McCutchan; Fullan, M. & Pomfret, A. (1997). Research on curriculum and instruction implementation. *Review of Educational Research*, 47(1), 335–397.

7 Elmore, R. (1995). Getting to scale with good education practices. *Harvard Educational Review*, 66(1), 1–26.

8 Ng, P. T. (2008). Educational reform in Singapore: From quantity to quality. *Educational Research for Policy and Practice*, 7(1), 5–15.

9 Ministry of Education (MOE) (2013). *Engaging Our Learners: Teach Less, Learn More*. Singapore: Ministry of Education.

10 Ministry of Education (MOE) (2013). *Engaging Our Learners: Teach Less, Learn More*. Singapore: Ministry of Education.

11 Ng, P. T. (2008). Educational reform in Singapore: From quantity to quality. *Educational Research for Policy and Practice*, 7(1), 5–15.

12 Today (2012, August 24). Teach less, learn more—Have we achieved it? *Today*, p. 4.

13 Ng, P. T. (2008). Educational reform in Singapore: From quantity to quality. *Educational Research for Policy and Practice*, 7(1), 5–15.

14 Ng, P. T. (2010). Educational technology management approach: The case of Singapore's ICT Masterplan Three. *Human Systems Management*, 29(3), 177–187.

15 Ng, P. T. (2010). Educational technology management approach: The case of Singapore's ICT Masterplan Three. *Human Systems Management*, 29(3), 177–187.

16 National Research Foundation (NRF) (2015, June 4). Science of Learning Initiative Call for Proposals for Planning Grants. NRF, Prime Minister's Office, Singapore. Retrieved from http://www.nrf.gov.sg/funding-grants/science-of-learning#sthash.CCQS9jMg.dpuf.

17 National Research Foundation (NRF) (2015, June 5). National Research Foundation Science of Learning Initiative Planning Grant Guidelines for Participants. NRF, Prime Minister's Office, Singapore. Retrieved from http://www.nrf.gov.sg/docs/default-source/default-document-library/20150605_nrf-sol-planning-grants-application-guidelines.

pdf?sfvrsn=0.

18 Ministry of Education (MOE). (2010, April 26). Teach Less Learn More. Parliamentary Replies. MOE, Singapore. Retrieved from http://www.moe.gov.sg/media/parliamentary-replies/2010/04/teach-less-learn-more.php.

19 Ministry of Education (MOE). (2010, April 26). Teach Less Learn More. Parliamentary Replies. MOE, Singapore. Retrieved from http://www.moe.gov.sg/media/parliamentary-replies/2010/04/teach-less-learn-more.php.

20 You can read more examples at https://www.schoolbag.sg/features/teaching-learning.

21 You can read more at https://www.schoolbag.sg/story/holistic-teaching-through-poetel#.V2YX7z9f2po.

22 You can read more at https://www.schoolbag.sg/story/learning-through-action-and-drama#.V2YYTz9f2po.

23 You can read more at https://www.schoolbag.sg/story/problem-solving-in-jurong-lake-park#.V2YYsz9f2po.

24 Ng, P. T. (2015). What is quality education? How can it be achieved? The perspectives of school middle leaders in Singapore. *Educational Assessment, Evaluation and Accountability*, 27(4), 307–322.

25 Ng, P. T. (2015). What is quality education? How can it be achieved? The perspectives of school middle leaders in Singapore. *Educational Assessment, Evaluation and Accountability*, 27(4), 307–322.

26 Ng, P. T. (2015). What is quality education? How can it be achieved? The perspectives of school middle leaders in Singapore. *Educational Assessment, Evaluation and Accountability*, 27(4), 307–322.

27 Ng, P. T. (2015). What is quality education? How can it be achieved? The perspectives of school middle leaders in Singapore. *Educational Assessment, Evaluation and Accountability*, 27(4), 307–322.

28 Espinoza, J. (2015, April 14). When is Cheryl's birthday? The tricky maths problem that has everyone stumped. *The Telegraph*. Retrieved from http://www.telegraph.co.uk/education/educationnews/11534378/When-is-Cheryls-birthday-The-tricky-math-problem-that-has-everyone-stumped.html.

29 Organization for Economic Cooperation and Development (OECD) (2013). *PISA 2012 Results in Focus—What 15 Year Olds Know and What They Can Do with Qhat They Know*. Paris: PISA, OECD Publishing.

30 Garner, R. (2015, June 18). Singapore-style teaching helps solve problem of maths failure,

says new research. *The Independent*. Retrieved from http://www.independent.co.uk/news/education/education-news/singaporestyle-teaching-helps-solve-problem-of-maths-failure-says-new-research-10327085.html; Jackson, B. (2012, October 10). My view: America's students can benefit from Singapore math. *CNN Schools of Thought*. Retrieved from http://schoolsofthought.blogs.cnn.com/2012/10/10/my-view-americas-students-can-benefit-from-singapore-math/.

31 Organization for Economic Cooperation and Development (OECD) (2013). *PISA 2012 Results in Focus—What 15 Year Olds Know and What They Can Do with What They Know*. Paris: PISA, OECD Publishing.

32 Wang-Iverson, P., Myers, P., & Lim, E. W. K. (2010). Beyond Singapore Math's textbooks—Focused and flexible support for teaching and learning. *American Educator*, Winter, 28–38.

33 Hechinger, J. (2006, September 12). New report urges return to basics in teaching math. *The Wall Street Journal Online*. Retrieved from http://www.wsj.com/articles/SB115802278519360136.

34 Jackson, B. (2012, October 10). My view: America's students can benefit from Singapore math. *CNN Schools of Thought*. Retrieved from http://schoolsofthought.blogs.cnn.com/2012/10/10/my-view-americas-students-can-benefit-from-singapore-math/.

35 Jerrim, J. & Vignoles, A. (2015, February). *Mathematics Mastery Overarching Summary Report*. London: Institute of Education, University of London.

36 Center for Longitudinal Studies (2015, June 18). East Asian Teaching Method Leads to "Small But Welcome Improvement" in English Pupils' Maths Skills. Center for Longitudinal Studies, Institute of Education, London. Retrieved from http://www.cls.ioe.ac.uk/news.aspx?itemid=4287&itemTitle=East+Asian+teaching+method+leads+to+%E2%80%98small+but+welcome+improvement%E2%80%99+in+English+pupils%E2%80%99+maths+skills&sitesectionid=27&sitesectiontitle=News.

第三章

四大梦想蓝图

Chapter 03

梦想蓝图一：每所学校都是好学校

当我问一位美国人对"每所学校都是好学校"这一愿景的看法时，他的反应是："你一定是在开玩笑吧！"他问这一愿景是新加坡的部长说的还是美国的部长说的，并接着调侃道："难道'不让一个孩子掉队'已经被'不让一个学校掉队'取代了吗？"美国人深受校园枪击事件的影响，在他看来，"每所学校都是好学校"简直难以想象。他悲观地评论道，以他所在学区目前的发展情况来看，很快可能变成"一个好学校都没有"。如果我告诉一位新加坡人"每所学校都是好学校"，对方很可能会说："每所学校都是好学校，但有些学校显然比其他学校更好！"

从某种意义上说，"每所学校都是好学校"并不是一个新概念。1999 年，时任副总理兼教育部部长张志贤曾表示：[1]"新加坡没有失败的学校，只有好学校和非常好的学校。"然而，当时的背景和动机与今天有所不同。张志贤当时试图传达的是：

> 我们常常会将自己的学校与英国和美国的顶尖学校进行比较，进而产生不如他人的想法。然而，事实是我们的顶尖学校并不逊色，甚至可以与国外的顶尖学校相媲美。更重要的是，我们普通学校的表现远远好于大多数国家的普通学校。高质量的教育不仅仅是面向最聪明或最富有的学生，而是要面向所有人。

如今，由于 TIMSS、PIRLS 和 PISA 等国际评估结果的公开，新加坡人普遍接受这样的观点：新加坡的普通学校在整体水平上优于大多数国家的学校。然而，大多数新加坡家长并不希望自己的孩子就读于一所"普通学校"，如果可能，他们更倾向于让孩子进入精英名校。然而，"每所学校都是好学校"这一理念旨在传达这样的信息：每所学校都能提供优质教育，进入精英名校并不是获得优质教育和取得成功的唯一途径，家长应摆脱对精英名校的执念，为孩子选择一所适合他们的学校。那么，什么是好学校？时任教育部部长王瑞杰的定义是：[2]

> 好学校是能够培养积极学习者的学校，是让教师成为关爱学生的教育者的地方，是与家长和社区建立支持性合作关系的机构。这不仅是可能的，而且是现实可行的。每一所学校都有其独特的优势，我们只要始终关注学生的个体需求和能力。

然而，如果你问新加坡的任何一位学校领导，他会告诉你，新加坡的所有学校都在努力成为王瑞杰所描述的好学校。因此，主要的挑战并不是让学校成为好学校，而是重新定义新加坡人，特别是教育工作者、家长和整个社会对好学校的理解。好学校并不仅限于那些排名靠前的学校，优质教育也不仅仅意味着在考试中获得高分。在一所好学校里，教师不仅关注学生的学业成绩，还全面培养学生的能力；在一个"每所学校都是好学校"的社会中，家长更关注孩子的全面发展，而不仅仅是学业成绩；在就业市场上，雇主更看重的是能力，而非单纯的学历。

在某种程度上，新加坡的所有学校确实可以被视为好学校。教育部竭力确保所有学校为儿童和青少年提供安全的环境。课堂纪律通常井然有序，有利于学习的进行，暴力事件十分少见，毒品问题也几乎不存在（新加坡对毒品犯罪的惩罚极为严厉）。公共教育的高标准确保无论家长选择将孩子送到哪所学校，孩子都能接受优质教育。现在的问题在于，家长能在多大程度上接受并践行这一理念。"每所学校都是好学校"不仅是对社会的呼吁，更是对整个教育体系的信任，而这种信任不应仅限于那些排名靠前的学校。每所学校都会以其独特的方式追求卓越，为学生提供优质教育。要接受优质教育，并不一定非得进入精英名校。

但有些学校就是比另一些学校好，不是吗？

愿景之所以称为愿景，正是因为当前的现实尚未达到理想的图景。在媒体上，人们对"每所学校是否真的都是好学校"以及"一个人来自哪所学校是否重要"展开了激烈争论。在一个奉行任人唯才，长期以来将学术成绩视为阶级跨越和改善生活条件主要途径的社会中，新加坡人并不容易完全接受"每所学校都是好学校"这一理念。如果有机会，大多数家长仍然会希望将孩子送入精英名校。与此同时，不少人对邻里学校（即非精英名校的委婉说法）的教育质量心存疑虑。不论这种看法是否准确，大家普遍的观点是，精英名校与邻里学校在教育质量或孩子所处的环境方面存在显著差异。

因此，仍有家长认为：即使每所学校都是好学校，但仍然有些学校比其他学校更好，不是吗？家长希望孩子能够进入这些好学校的愿望如此强烈，以至于他们愿意成为这些学校的志愿者（家长义工），以便在小学一年级报名时孩子能获得报名优先权。在新加坡，对于家中有六岁孩子的家长来说，小学一年级的报名过程是一件高度紧张的事情。整个过程分为七个阶段进行，每个阶段都有特定类别的孩子享有报名优先权，例如，第一阶段的注册是针对在所选小学有兄弟姐妹就读的孩子。一些热门学校的招生名额往往在最终阶段前就已全部报满。如果在某个阶段，申请人数超过可用名额，学校将进行抽签。这一抽签过程对一些家长来说无疑是紧张的时刻，想象一下，焦虑的家长坐在学校礼堂里，有人因孩子中签而欢呼，而在最后一个名字被宣布时，有人则不禁叹息。教育部的网站会实时更新注册成功情况、剩余名额和抽签结果，以供家长在整个过程中参考。[3]

家长在小学一年级报名时竞争激烈，主要是因为每年为孩子争取所选学校名额的不确定性。因此，家长竭尽全力确保孩子符合早期阶段的报名资格。第四阶段，即第 2B 阶段，优先考虑的是学校志愿者（他们至少为学校贡献了 40 小时的志愿服务且做了一年志愿者）、活跃的社区领袖、与学校有直接联系的教会或族裔会馆成员的孩子。当然，这一政策旨在鼓励和认可家长的志愿服务，但现在却成了确保学校报名优先权的一种手段。一些家长为了增加孩子进入所选学校的机会，牺牲自己的时间在学校做志愿者。据新闻报道，有些家长的志愿服务时长甚至多达 80 小时。有的家长则试图通过族裔会馆或教会的关系获取入学名额。

然而，即使家长付出了诸多努力，申请一些热门小学的家长仍需通过抽签为孩子争取学位，因为这些学校的申请人数远远超过了可用名额。一位家长与妻子一同完成了约 40 小时的志愿服务，但在得知并不一定有入学名额后，表示将不再继续在学校担任家长义工。[4]

为应对家长义工人数的激增，一些热门小学将志愿服务时长要求提高至 80 小时，另一些学校则限制了家长义工的名额。2014 年，五所热门小学因为申请家长义工的人数远超出学校能提供的志愿岗位数量，最终取消了家长义工计划。[5]

中学阶段的情况也类似，家长同样希望孩子能够进入好学校。2015 年，小六会考的整体成绩非常优秀，这就导致热门中学的最低入学要求水涨船高。[6]因此，进入名校的竞争变得愈加激烈，即使是优异的小六会考成绩也无法保证

能获得录取名额。其中一类热门学校是提供直通车课程的学校。一位本地记者写道：[7]

> 到目前为止，我已收到 17 封电子邮件和来电，家长们请求我评估他们的孩子进入心仪中学的机会。在这 17 位家长中，仅有两位询问了不提供直通车课程的学校……这表明，尽管政府多次呼吁，家长对提供直通车课程学校的追捧仍未减退。政府需要深入研究，为何家长仍不认同"通往成功的道路有许多条，每所学校都是好学校"这一理念。我借机向那些瞄准提供直通车课程学校（如莱佛士书院和莱佛士女子中学）的家长询问，为什么他们对此不认可。其中一位家长分享了他对公共服务委员会颁发的海外优秀奖学金数据的分析，结果显示，不出意料，绝大多数获得奖学金的学生都来自提供直通车课程的学校。

公共服务委员会主席针对长期存在的普遍看法，即奖学金只授予顶尖初级学院的学生做出澄清：将防范精英主义，对申请者进行仔细评估。公共服务委员会越来越重视奖学金获得者的品格特质和领导潜力，而不仅仅是优异的学术成绩。公共服务委员会希望奖学金获得者来自多样化的社会经济背景，以避免出现"集体思维"。[8]

事实上，情况已经开始有所改变。在 2011 年和 2012 年，仅有 60% 的奖学金获得者来自如莱佛士书院（Raffles Institution）和华侨中学（Hwa Chong Institution）等顶尖学校，这一比例较 2007 年的 82% 显著下降。来自其他学校的学生也逐渐脱颖而出，成为奖学金获得者。[9] 例如，2015 年，一位国家乒乓球运动员获得了公共服务委员会的奖学金，前往耶鲁—新加坡国立大学学院（Yale-NUS College）攻读文科。她此前毕业于共和理工学院（Republic

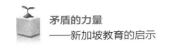
Polytechnic），主修体育与休闲管理。此外，还有一位积极投身社区服务的学生，因经常在一家临终关怀机构担任志愿者而获得奖学金，前往新西兰奥克兰大学（University of Auckland）攻读社会工作专业。[10]

然而，新加坡国立大学（National University of Singapore，NUS）的研究显示，一所排名前50的学校搬迁后，周边的房产市场会受到很大影响：1公里范围内的私人房产价格下降了8.5%，1到2公里范围内的价格则下降了12.2%，同期公共住房价格的降幅分别为5.1%和2.4%。[11]家长对好学校的执念甚至深深影响了房产价格，这凸显出学校入学机会在社会中的敏感性和重要性。在2013年亚洲教育博览会（Asia Education Exp）的一场小组讨论中，一位邻里学校的副校长提出了一个发人深省的问题：[12]

> 我们的领导者和高级官员中，有多少人在宣称"每所学校都是好学校"的同时，真的将自己的孩子送进家附近的普通学校？只有当他们真的这样做时，家长才会相信。

"每所学校都是好学校"当然引发了经典的"鸡和蛋"难题。一方面，如果家长不愿意"冒险"将孩子送到这些学校，那么底层学校就没有机会提升自身水平。另一方面，家长不禁要问：在现有教育体系仍然以考试成绩作为升学优先条件的情况下，他们为什么要率先"冒险"？前总理李显龙承认了这些现实，并表示变化不会一蹴而就：[13]

> 我们拥有一个优秀的教育体系。然而，我们的社会正变得越来越分化。学生之间的竞争日益激烈，焦点过于集中在考试成绩上，忽视了学习本身。应对这些压力非常困难，因为家长都希望自己的孩子拥有最好的未

来，并认为考试成绩是关键因素。不过，我认为我们需要重新调整方向，以保持体系的开放性，关注那些从长远来看比考试成绩更重要的东西。然而，教育体系是一台复杂且精细的机器，你可以对它发表看法，但不能揠苗助长。你必须找到正确的切入点，进行精确的调整，然后仔细观察，看它是否真的有所改善。

推动"每所学校都是好学校"理念

那么，新加坡在国家层面是如何推动"每所学校都是好学校"这一理念的呢，以下是教育部采取的一些具体举措。2012 年，教育部宣布废除根据学校考试成绩进行分级的制度。[14] 这一制度自 1992 年实施以来，长期被公众视为教育体系中"神圣不可侵犯"的做法，尽管在 2004 年绝对排名已被更宽泛的分级系统所取代。废除分级制度是教育部为改变新加坡家长和公众对学校分类的传统观念而采取的一项大胆的战略性措施，旨在打破根据全国考试成绩对学校进行高低分类的模式。

随着教育部大力推进以学生为中心、以价值观为导向的教育，学校质量评估体系中的卓越表现认定框架也被进行了调整。教育部学校奖励计划总蓝图（Masterplan of Awards，MoA）最初于 2000 年制订，旨在推动学校绩效提升并表扬其卓越成就。然而，在 2012 年，教育部决定简化这一计划，并于 2014 年实施新框架。这一变革减轻了学校的行政负担，同时消除了一种观念，即学校被鼓励追求奖项而非专注于全面教育。新框架聚焦于表彰在五个关键领域表现卓越的学校：教与学、学生全面发展、教职员工发展与福祉、品格与公民教育、伙伴关系。[15] 此外，教育部还于 2012 年决定停止公布全国考试最高分的学生名单。这一措施旨在纠正社会对考试成绩过度关注的现象，转而倡导更全面地看待学生的发展。[16] 对于这些举措，社会的反应不尽相同。有些人认为这释放了积极的信号，而另一些人则对其效果表示怀疑，甚至有人质疑：为什么不能庆祝优秀学生的成就，并对他们进行报道呢？

为了推广"每所学校都是好学校"的理念，教育部采取了一系列措施。2012 年，教育部宣布在未来五年内拨款 5500 万新元，鼓励学校发展自身优势，打造各自的办学特色，以区别于其他学校。学校发展的特色领域包括设计思维、户外教育、应用学习和美育。[17] 到 2013 年，约 73% 的中学和 66% 的小学已经建立了各自的优势领域。[18]

为进一步推动"每所学校都是好学校"的理念，教育部鼓励并支持所有中学在 2017 年前开展一项应用学习项目和一项生活教育项目，让每所中学都拥有独特的项目，帮助学生将知识应用于实践，并培养他们的生活技能。教育部每年将为每个项目提供 5 万新元的拨款支持，也就是每年额外增加 10 万新元拨款，以确保所有中学有充足的资金为学生提供全面的教育。此外，针对接受更多经济援助的学校，进取基金（Opportunity Fund，政府为低收入家庭学生提供课外发展机会的补助金）也将按比例增加。[19] 如今，许多小学和中学已经开发了应用学习项目和生活教育项目，目标是让所有学生，不仅仅是那些能获奖的学生，都有机会参与课堂外的、超越纸笔学习的实践活动。

校长们会在整个教育系统内被统一调配轮岗，任职于不同的学校。[20] 这种策略性分配为经验丰富的校长提供了与表现不佳的新学校分享他们成功经验的机会，同时让他们在新学校中应对新的挑战，获得职业发展的机会。事实上，2013 年，教育部决定选派国内一些经验丰富、声望颇高的校长到邻里学校担任领导职务。这些校长将他们在领导和管理方面的丰富知识、治校经验以及实践方法带到这些学校。[21] 这向家长传递了一个明确的信息：教育部关注所有学校，而不仅仅是那些受欢迎的学校，并致力于确保新加坡的每一所学校都成为好学校。这种策略似乎对一些家长产生了影响。据新闻报道，一位家长顶住压力将孩子送入一所全新的、尚无口碑的学校。她之所以做出这个决定，是因为看中了学校的领导团队，他们之前曾在知名学校任职，这让她相信自己的孩子能够得到优质教育。[22]

媒体积极报道各类学校的优秀表现，不仅仅聚焦精英名校，发挥了重要作用。例如，主流媒体曾报道裕峰中学（Crest Secondary School），这所学校是新加坡首家专为修读初级（工艺）课程学生设立的学校，许多学生在小学离校考试中的表现不理想。根据该校教师的说法，实用技能课程帮助学生理解了上学的意义。学校配备了模拟实际超市或工具商店的教室，为实用技能课程提供了更真实的学习环境。尽管裕峰中学的学生中约有一半来自贫困家庭，但学生的出勤率非常高，达到97%。[23]

其他邻里学校也受到了媒体的关注。例如，蔡厝港小学（Choa Chu Kang Primary School）自2008年以来，将科学、数学、艺术与机器人技术相结合，利用机器人技术进行教学，使学习变得更加有趣且富有创造力。校长认为，这一项目培养了学生的信息收集能力和批判性思维能力。此外，该校还凭借其机器人技术项目在2008年获得了教育部的奖项。[24] 其他邻里学校在考试中的表现也十分出色，甚至可以与一些知名学校相媲美。例如，景山小学（Jing Shan Primary School）近年来取得了显著进步，2013年的总体及格率达到了98.4%，高于全国平均水平的97.5%。[25] 这些被媒体重点报道的案例向社会传递了一个重要信息：并非只有精英名校才能为学生提供优质教育。

近年来，新加坡的学校不仅因考试成绩突出而受到表彰，还因在全面教育方面的努力和成就获得认可。例如，2015年，圣婴女中（CHIJ St. Joseph's Convent）、锦文中学（Clementi Town Secondary School）和实勤中学

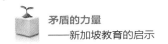
（Serangoon Garden Secondary School）凭借其在普通课程中的创新实践，获得李显龙普通课程创新奖。这些学校开展了创新性实践，为修读初级（学术）课程和初级（工艺）课程的学生带来了显著的全面发展成效。[26]

"每所学校都是好学校"这一理念的核心在于改变社会对学校的观念。我在与学校领导交流时，许多人表达了这样的观点：每一所学校都有其特色和优势，致力于满足学生的不同需求，并希望与家长合作，促进孩子的全面发展。然而，要让社会摆脱对精英名校的执着仍然十分困难。解决这一问题的挑战在于，社会对某些学校根深蒂固的印象、一部分家长希望通过孩子实现自身梦想的愿望、校友维护学校声誉和形象的强烈意愿。

从许多方面看，教育体系反映了社会的价值观和期望。虽然教育体系可以继续维持当前的社会规范，比如为了学校而竞争、密切关注成绩和考试，但新加坡选择以大胆的决心采取行动，推动思维模式的重大转变，并影响社会的价值观和期望。

总结

近年来，少数家长和学生在有机会做决策时选择不进入精英名校。例如，2013年，一位获得总统奖学金的学生选择了新加坡体育学校，而不是他本可以进入的任何一所精英名校。[27]虽然极个别的案例并不一定表明社会态度的彻底改变，但初步迹象令人备受鼓舞。这一愿景充满吸引力。无论新加坡最终能否实现全民普遍认同的"每所学校都是好学校"的理念，这一愿景都在推动教育体系和整个社会朝着理想的方向前进。

"每所学校都是好学校"是新加坡追求平等的一部分，这并不意味着绝对的平等，但确保基准足够高，使得家庭背景带来的优势不再是未来成功的决定性因素。如果每所学校都是好学校，那么每个孩子，不管其出身，都将拥有公平的机会。这样，进入精英名校的竞争就不再必要。

"每所学校都是好学校"不仅是对新加坡教育的一项倡议，还是对生活中真正重要问题的一次深刻反思。如果新加坡社会过于注重竞争，那么无论多优秀，似乎都永远无法令人满意。对此，王瑞杰曾指出：[28]

> 教育本身无法赋予我们美好生活，我们需要明确，什么才是真正的美好生活。如果所谓的美好生活仅仅是为了超越他人，追求"5C"[现金（Cash）、共管公寓（Condominium）、汽车（Car）、信用卡（Credit Card）、乡村俱乐部（Country Club）]，那么工作中的竞争压力就会深刻影响家长和教师对教育的看法。在这种情况下，无论教育体系如何变革，都无法改变人们对物质财富和社会地位的执念。

只有当我们的社会接纳了更广泛的成功定义，教育中的多元化成功标准才能真正实现。从某种意义上说，教育体系是社会规范与期望的镜像，它不仅反映了课堂里的教学，还折射出整个社会对成功和价值的认知。

在一个学校竞相吸引优秀学生的教育体系中，"每所学校都是好学校"这一理念提醒教育工作者，每一所学校都肩负着服务社会一部分群体的使命，都是不可或缺的。如果一所学校培养的是表现优异的学生，那么它就是重要的学校，它为国家塑造了众多未来的领导者；如果一所学校教育的是成绩欠佳的学生，那么它同样重要，它为那些本可能会缺少机会的孩子带来了希望。

每所学校都是好学校，每所学校都有其独特的重要性，这既是"任人唯才，仁爱包容"理念的实践体现，也是新加坡教育的核心精神所在。

参考文献

1 Teo, C. H. (1999, July 16). Speech by Radm (NS) Teo Chee Hean, Minister for Education and Second Minister for Defence, at the Chinese High Lecture at the Chinese High School. Retrieved from http://www.moe.gov.sg/media/speeches/1999/sp160799.htm.

2 Heng, S. K. (2012, September 12). Keynote Address by Mr Heng Swee Keat, Minister for Education at the Ministry of Education Work Plan Seminar at Ngee Ann Polytechnic Convention Centre. Retrieved from http://www.moe.gov.sg/media/speeches/2012/09/12/keynote-address-by-mr-heng-swee-keat-at-wps-2012.php.

3 Ministry of Education (MOE) (2014, May 15). Registration Phases and Procedures. Retrieved from http://www.moe.gov.sg/education/admissions/primary-one-registration/phases/.

4 Teng, A. & Lee, P. (2013, July 23). No guarantees for parent volunteers at popular schools. *The Straits Times*, p. B6.

5 Lee, P. (2014, June 10). Primary 1 registration: 5 things to know about the popular parent volunteer scheme. *The Straits Times*, p. B2; Lee, P. (2014, June 10). Schools closing door on parent volunteer scheme. *The Straits Times*, p. B2.

6 Teng, A. (2015, December 24). Cut-off points up for popular secondary schools. *The Straits Times*, p. A6.

7 Davie, S. (2012, November 29).Time to redefine academic success. *The Straits Times*, p. A30.

8 Heng, J. (2013, September 18). PSC reaches out to students from diverse backgrounds. *The Straits Times*, p. B2.

9 Chan, R. & Heng, J. (2013, September 18). PSC seeks more diversity in scholarships. *The Straits Times*, p. A1.

10 Lee, R. M. (2015, July 22). Hospice volunteer, table-tennis player among 75 new Public Service scholars. *Today*, p. 4.

11 Sumit, A. & Sing, T. F. (2015, December 17). How school proximity affects house prices. *The Straits Times*, p. A26.

12 Ang, Y. (2013, November 21). "Soft skills just as vital as exams", say educators at Asia Education Expo. *The Straits Times*, p. B2; Chiu, P. (2013, November 21). Jurong West Secondary Vice-Principal Takes Issue with "Every School Is a Good School" Ideal: Yahoo Newsroom, Singapore. Retrieved from https://sg.news.yahoo.com/jurong-west-secondary-vice-principal-takes-issue-with-%E2%80%98every-school-is-a-good-school—ideal-103224519.html.

13 Lee, H. L. (2013, August 9). Prime Minister Lee Hsien Loong's National Day Rally 2013. Singapore: Prime Minister's Office. Retrieved from http://www.pmo.gov.sg/mediacentre/prime-minister-lee-hsien-loongs-national-day-rally-2013-speech-english.

14 Ministry of Education (MOE) (2012, September 12). MOE Removes Secondary School Banding and Revamps School Awards. Press Release. Retrieved from http://www.moe.gov.sg/media/press/2012/09/moe-removes-secondary-school-b.php.

15 Ministry of Education (MOE) (2012, September 12). MOE Removes Secondary School Banding and Revamps School Awards. Press Release. Retrieved from http://www.moe.gov.sg/media/press/2012/09/moe-removes-secondary-school-b.php.

16 Davie, S. (2013, November 23). Shifting focus on scores to learning. *The Straits Times*, p. A6.

17 Heng, S. K. (2012, September 12). Keynote Address by Mr Heng Swee Keat, Minister for Education at the Ministry of Education Work Plan Seminar at Ngee Ann Polytechnic Convention Centre. Retrieved from http://www.moe.gov.sg/media/speeches/2012/09/12/keynote-address-by-mr-heng-swee-keat-at-wps-2012.php.

18 Ministry of Education (MOE) (2013, April 2). Making Every School a Good School. Parliamentary Replies. Retrieved from http://www.moe.gov.sg/media/parliamentary-replies/2013/08/making-every-school-a-good-school.php.

19 Ministry of Education (MOE) (2014b, July 9). Every School a Good School. Parliamentary Replies. Retrieved from http://www.moe.gov.sg/media/parliamentary-replies/2014/07/every-school-a-good-school.php.

20 Ministry of Education (MOE) (2013, October 11). Ministry of Education Appoints 60 Principals in 2013. Press Release. Retrieved from http://www.moe.gov.sg/media/press/2013/10/ministry-of-education-appoints-60-principals-in-2013.php.

21 Heng, S. K. (2013, October 10). Speech by Mr Heng Swee Keat, Minister for Education, at the National Institute of Education (NIE) Leaders in Education Programme Graduation Dinner, the Regent Singapore Hotel, Singapore.

22 Tan, A. (2015, July 27). New kid on block, but leaders with track record. *The Straits Times*, p. B10.

23 Chia, S. (2013, April 30). A taste of success at Crest Secondary School. *The Straits Times*, p. B4.

24 Chia, S. (2012, June 19). Robots spur pupils to solve problems creatively. *The Straits Times*, p. B4.

25 Lai, L. (2013, November 23). Faith in heartland school pays off. *The Straits Times*, p. A6.

26　Ministry of Education (MOE) (2015, September 21). Recognising Best Practices in Holistic Education. Press Release. Retrieved from http://www.moe.gov.sg/media/press/2015/09/recognising-best-practices-in-holistic-education. php.

27　Teng, A. (2013, November 26). Choosing schools that best fit them. *The Straits Times*, p. B2.

28　Heng, S. K. (2013, October 10). Speech by Mr Heng Swee Keat, Minister for Education, at the National Institute of Education (NIE) Leaders in Education Programme Graduation Dinner, the Regent Singapore Hotel, Singapore.

梦想蓝图二：每位学生都是积极的学习者

在 20 世纪 90 年代，我曾教授一些十七八岁学生的数学。他们都非常聪明，通常在全国考试中名列前茅。有一天，我在讲授微分时问道："当你对一个函数进行微分时，你会得到什么？"学生们回答："我们会得到答案！"事实上，他们对我问这样的问题感到难以置信。然而，这个回答反映了新加坡学生在学习上的一种务实心态：他们可能非常擅长得出正确答案，但却未必理解或关心答案背后的原理。

培养积极的学习者是新加坡打造学习型国家的基础。要让学习成为一种国家文化，必须从小培养学生积极的学习态度，正如教育部部长王瑞杰所说：[1]

> "每位学生都是积极的学习者"这一理念基于我们的核心信念，即每个孩子都能学习，不仅仅是在学校，而是能终身学习。作为教育者，我们希望培养积极的学习者，让他们充满动力，享受学习，并持续发挥潜力。

因此，教育体系的一项重要转变就是培养积极的学习者。这里所说的积极的学习者，指的是那些对学习有内在动力且具备终身学习态度的人。这正是新加坡教育应有的样貌。正如前总理李显龙所言：[2]

> 教育不仅仅是职业培训，它还旨在为我们的孩子打开通往未来的大门，赋予他们希望与机会。教育不仅仅是将知识填满容器，更是要点燃年轻人心中的火焰，他们是我们的未来。

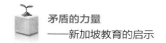
当前学校的愿景是：让每位学生都成为积极的学习者，全心专注于学习内容。一个积极的学习者能够自我调节学习进程，策略生地规划学习步骤，与他人合作，丰富自己的学习体验，并在学习过程中找到乐趣或满足感。[3] 积极的学习者的培养是"少教多学"倡议的结果。那么，新加坡学校在培养积极的学习者的过程中面临哪些问题和挑战呢？

新加坡学生并不轻松！

许多学生勤奋努力，在学校作业和家庭作业上投入了大量时间，并为考试做好了充分的准备。但也有许多学生缺乏学习的好奇心和热情，很少主动探索课程大纲之外的内容。这些现象背后有几个原因。

考试压力

大多数学生承受着来自父母、老师或自身的压力，非常关注考试成绩。目前，考试成绩在很大程度上决定了学生未来的学习路线，即可以申请哪所学校。即使在假期，许多准备参加小六会考或 O 水准会考的学生也会选择继续学习，而不是休息放松。一位家长在报纸上写道：[4]

> 以一名 16 岁的快捷班学生为例，她今年参加 O 水准会考，在学校假期的两周内，每天要回校上五个小时的课，几乎与正常上学日无异。此外，她还需要完成 20 份练习试卷，也就是说在四周内要完成 120 小时的课程和作业，每周大约 30 小时。换句话说，这几乎相当于成年人全职工作时间的三分之二。

追求成绩优异已成为青少年压力的主要来源之一，因为他们在学校投入了大量时间。[5]2013 年 7 月，教育部与随机选取的学生进行了一次对话，学生表达了对小六会考的种种忧虑。一位学生说道："老师们赋予小六会考极高的重要性，反复强调其意义，给大家施加了过大的压力，他们描绘了一个考不好未来会一片惨淡的可怕场景。"[6]确实，这种高风险考试带来的压力常常剥夺了学生学习的乐趣。在考试的关键阶段，学生被迫全力以赴备考，因为这些考试将深深地影响他们未来的学术机会。此外，社会可能过度重视学业成绩，这导致成绩不理想的学生被歧视。[7]一些学生认为："小六会考制造了社会等级，成绩好的学生往往瞧不起成绩不好的学生。"另一位学生补充道："取得好成绩至关重要，因为成绩不佳会被歧视，特别是在学术分流时，会感到极大的挫败感。"[8]

2015 年，新加坡考试与评鉴局（Singapore Examinations and Assessment Board，以下简称考评局）决定发布往年小六会考的完整试卷，目的是帮助家长更清楚地了解小六会考的总体要求。[9]考评局的这一举措还旨在为学生提供练习机会，让他们能够预估完成整套试卷所需的时间，从而缓解考试时的焦虑。然而，试卷一经发布，家长们便纷纷抢购。有些家长甚至购买了多份，以便在家中存放或让孩子带到学校练习。[10]结果，压力并未得到缓解。综上，问题不在于发布试卷，而在于人们的心态，本质上是文化使然。

学校作业和家庭作业的压力

2013 年，一家新加坡报纸报道：[11]

六月假期从上周六开始了，但一些孩子和他们的父母却不确定是否能真正腾出时间享受这个年中假期。上周六，李显龙总理在他的 Facebook 和

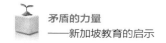

Instagram 账号上发布了一张水上主题公园的照片，配文写道："今天是六月假期的开始，祝所有学生假期愉快。享受假期，不要做太多作业！"这则帖子自发布以来获得近 9000 个赞。然而，许多学生和家长则在评论中表示，他们在为期一个月的假期里仍然被大量作业压得喘不过气来。

从某种角度来看，一国总理提醒学生在假期中放松享受，不要做太多作业，这本身就令人难以置信。除了面临在全国性考试中取得优异成绩的压力外，新加坡的学生还要应对繁重的学业负担[12]，甚至假期也不例外。根据 OECD 的数据，在社会经济背景相似且就读于资源水平相当的学校的学生中，花更多时间完成家庭作业的学生在数学方面的表现更为优异。[13] 因此，家庭作业是影响学生学习成果的重要因素。在新加坡，家庭作业是学生学习过程中的重要组成部分。2014 年，OECD 的报告显示，新加坡学生每周平均花在家庭作业上的时间为 9.4 小时，位列第三，仅次于中国上海（13.8 小时）和俄罗斯（9.7 小时）。相比之下，芬兰的学生每周做家庭作业的时间不到三小时。[14]

这些数据发布后迅速引起了公众的广泛关注。许多学生在接受媒体采访时表示，他们花在家庭作业上的时间超过了报告中的统计数据。一名中学三年级的学生估计，她每周仅在家庭作业上就要花费约 10 到 15 小时，还不包括私人补习和课外活动的时间。[15] 另一名中学三年级学生分享说，为了避免因大量作业感到压力，她选择留在学校与同学一起完成作业。这种做法让她和朋友们可以一起讨论问题，互相鼓励，进而更高效地完成作业。[16] 家长也指出，每门学科都有作业，他们认为，过多的作业量往往是因为教师之间缺乏协调，未能合理安排孩子每个晚上需要完成的作业。[17] 与此同时，许多教师表示，如果不给学生布置足够的作业，家长可能会感到不满。为此，他们加大了作业量，以避免家长质疑他们的教学责任心。

　　学生花费大量时间在家庭作业上的主要原因之一，是新加坡长期以来对考试成绩的重视。然而，新加坡的家长和老师普遍存在另一种观念，即家庭作业能够培养学生的自律性和良好的学习习惯，这些品质被认为是学生在学校和生活中取得成功的关键。当作业量在合理范围内时，确实能够巩固所学知识，促进学生的进步。然而，与芬兰每周较少的家庭作业时间相比，更多的家庭作业时间似乎并不总是带来更好的教育结果。一项分析 PISA 测评结果的研究显示，学生花在家庭作业上的时间与学校系统的整体表现没有直接关联。这表明，教学质量和学校办学方式等其他因素，可能对学校系统的整体表现有更大的影响。[18]

　　在新加坡，几乎没有人会质疑家庭作业以及让孩子复习所学内容的必要性，即使复习的内容只是做习题而非实践。真正的问题在于，作业量多少才是适当的，多少才算是过多的。因此，学校正努力在"少教多学"的理念下提升家庭作业的质量。这种质量体现在两个方面。第一，家庭作业应鼓励学生不仅仅是死记硬背和机械记忆，还要培养更深入的学习能力。正如一位中学生所说："我和朋友们确实会抱怨作业太多，希望能少一点，但我们还是坚持。有时候，反复做相同类型的题目会让人感到枯燥乏味，但我喜欢那些促使我进行研究、学到更多新知识的作业。"[19] 第二，教师应协调各科目的作业量，以避免学生感到压力过大。例如，景山小学（Jing Shan Primary School）和伊布拉欣中学（Ahmad Ibrahim Primary Secondary School）通过在教室后方设置作业板，列出各科目在一周或一个月内的作业、测验和专题作业，帮助学生更好地规划学习时间并进行协调。[20] 此外，学校每天更新学生的学习手册，与家长沟通当天的作业清单，以监测学生的学习进度。这不仅帮助家长了解孩子的学习情况，也使学生能够更好地管理自己的作业时间。一些学校也采取了具体措施来减轻学生的作业负担。例如，英华附小（Anglo-Chinese School，Junior）每周

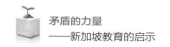
一和周四为无作业日，立化中学（River Valley High School）则规定了作业量上限，要求每周作业时间不超过两个小时。[21]

额外补习带来的压力

"影子教育"① 在新加坡是一项庞大的产业，市场规模估计每年约 10 亿新元。令人矛盾的是，尽管许多家长担心孩子学习时间过长、压力大，但私人补习行业仍然蓬勃发展，因为家长对此有强烈的需求。2013 年，教育部高级政务部部长英兰妮曾表示，新加坡的教育体系是基于学生不需要补习的原则进行设计的。她指出，对于成绩优异的学生而言，补习实际上可能适得其反，不仅会带来不必要的压力，而且还可能让他们在课堂上感到乏味，并占用本应用于全面发展的学习活动的时间。此外，她认为，对于学习较为吃力的学生而言，学校或社区计划中的补习和补充课程已经提供了足够的帮助。[22]

然而，一些家长和学生有不同的看法。他们认为，在一个强调学习成绩的教育体系中，补习起着不可或缺的作用，帮助学生保持在学校中的竞争力。[23] 一些学生认为，私人补习帮助他们在学习中保持专注和自律。对于其他学生来说，由于新加坡学校班级规模相对较大（每班 30 至 40 人），学生难以获得教师足够的关注，而补习则能够弥补这一不足。一名每周花七小时在四个科目上进行补习的中学四年级学生在采访中提到："在学校，老师的注意力是分散的，而在补习课上，老师可以专注于少数学生，因此教学更有针对性。"然而，这名学生的成绩在学校已经很好了，那她为什么还需要补习呢？她解释道："补习非常有帮助，尤其是在数学学科。通过补习，我能够获得许多额外的练习题，进一步巩固我在学校学到的数学概念。"[24]

---

① "影子教育"是指正规学校教育之外的私人补习等课外辅导。

当然，也有一些学生确实需要额外的补习才能通过考试，特别是在他们最薄弱的科目上。一名学生回忆说，中学时期她曾在科学、数学和会计原理上不及格，每个科目父母都为她请了私人补习老师，现在她的目标是取得优异的成绩。她说："科学对我来说简直是天书，我不喜欢它，因为我更偏好文科……但补习帮助我填补了这方面的知识空白，我可以向补习老师请教，弄清我的疑问……我喜欢问很多问题，所以有一位能够解答我所有问题且不会嘲笑我的补习老师，真的让我受益匪浅。"[25]

无论原因或动机如何，额外的补习无疑加重了学生的负担。尽管一些家长声称他们的孩子因为考试压力而"失去了童年"，但他们很可能仍会为了确保孩子的成绩继续安排额外的补习课。有报道指出，一些家长甚至花钱请私人补习老师到家里来，不是为了辅导孩子，而是为了帮孩子完成作业！由于学生在应对学校作业、课外活动以及补习班布置的额外作业时感到吃力，有些私人补习老师被雇来完成的，竟是补习中心而非学校布置的作业。令人费解的是，尽管如此，家长依然坚持让孩子参加补习。[26]

至少在可预见的未来，新加坡的补习现象不会消失。在一个自由的社会，教育体系无法剥夺家长为孩子提供额外帮助的权利。问题在于，长时间的补习是否真的能让学生更加投入学习，或是反而让他们对学习失去兴趣。此外，还有机会成本的问题，用于补习的时间本可以更好地用于其他更有益的活动。尽管新加坡没有深夜运营的补习班，但家长依然担忧沉重的学业负担和压力对孩子的影响。一些孩子可能无法享受完整的童年，而另一些孩子可能会失去终身学习的乐趣。

提高学生学习积极性的举措

新加坡学生通常都十分勤奋，并在考试中表现优异。从某种程度上讲，他们确实在学校里学到了知识。此外，OECD 的数据显示，87.9% 的新加坡学生表示他们在学校里感到快乐，这一比例显著高于芬兰（66.9%）和 OECD 的平均水平（79.8%）。[27] 然而，新加坡目前正致力于提升学生的学习积极性，使学习变得对学生更有意义，并能给学生带来内在的满足感。为应对这一挑战，新加坡正在探索相关策略。

新加坡的策略是设计更有趣的课程和适合学生不同学习风格的学习平台。自 2005 年推行"少教多学"政策以来，新加坡一直在探索提升学生学习参与度的举措。例如，2009 年教育部在实施中小学教育评估时，推出了一些创新项目，如艺体陶冶计划和英语阅读与写作策略，以吸引小学阶段的学生。艺体陶冶计划面向所有小学一年级和小学二年级的学生，通过四个领域的多样化且有趣的学习体验来吸引学生，这四个领域分别是体育与游戏、户外教育、表演艺术和视觉艺术。通过这些活动，学生不仅能享受学习，还能培养尊重他人、明智决策等社会情感能力。在英语阅读与写作策略项目中，有趣的共享阅读和写作活动激发了小学生阅读与学习的积极性。例如，学生们一起阅读一本有趣的故事书，他们会扮演故事中的角色，甚至创作自己的平行故事。在这个过程中，教师会引导学生以体验的方式回应故事情节，同时教授各种语言知识。

在中学，应用学习项目将学生在学校所学的知识和技能与真实的社会和行业环境相结合。应用学习项目涵盖多个领域，包括商业、创业、设计、工程、环境科学、医疗保健、新闻和广播等。生活教育项目则通过体验式学习帮助学生发展品格、培养人际交往能力。生活教育项目同样适用于多个领域，如户外探险、体育、制服团体，以及表演和视觉艺术。这些项目不仅加强了学生与学校的联系，而且激发了学生的学习动力，因为他们能够看到所学知识与现实生活的紧密关联，并将其应用到实际生活中。

教育部不仅鼓励学校在教与学方面进行创新以提升学生学习参与度，还出版了教学资源手册，促进各校优秀创意和实践经验的交流共享。以下是教育部教育资源手册中的几个例子，展示了新加坡学校在激发学生学习兴趣方面的努力。[28] 在明智小学（Bendemeer Primary School），教师采用讲故事的方式来教授数学概念。这项为期八周的模块包含五个课程单元，旨在通过故事帮助学生理解文字题的背景和意图，激发他们解决问题的动力。加法或乘法等数学概念通过相关词汇逐步引入，并融入故事的人物和情节。学生还被鼓励改写或表演文字题，以帮助他们学习与数学概念相关的词汇。同时，学生通过写学习日记来提出问题，梳理故事情节，并将数学问题放入具体的情境中，使解决文字题的过程更加有趣且富有意义。实施这一计划后，教师发现学生在理解数学概念和提高解决文字问题技能方面的参与度和积极性都显著提高。

在德明中学（Dunman Secondary School），教师们实施了一项名为"音乐、英语语言与文学"的课程创新。该项目最初是学校"少教多学启动计划"的一部分，面向中学一年级学生，持续 15 周，以艺术表演或音乐剧作为最终成果，目标是培养学生的口头表达能力、协作能力、批判性思维能力和创造性思维能力。在项目中，文学、音乐和英语语言的学习被有机结合，学生需要创作、诠释和评估不同场景，并将这些场景拼接成一个完整的表演项目。"音乐、英语语言与文学"课程项目的评估基于一套详细的评分表，涵盖英语语言、音乐和文学三门学科的各种技能。每周的练习册活动帮助教师跟踪学生的进度并给予个性化指导。英语教师和音乐教师在每次演出后立即提供反馈，学生也需撰写反思报告，回顾整个创作过程。评估以形成性方式进行，贯穿项目的各个阶段。项目实施后，学生对音乐和文学的兴趣明显提升。在面对创作过程中的各种挑战以及与同伴和老师合作时，他们展现了更强的韧性，同时在英语演讲、表达和交流技巧方面也变得更加自信。教师还发现，由于学生在项目中获得了更多的学习自主权，他们在学习中表现出了更强的自主性。

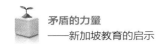
这些举措对大多数学生都有效。然而，国家应如何帮助那些真正难以跟上学习进度或对学习缺乏兴趣的学生呢？如果每所学校都是好学校，那么这些学生也应该有一所适合他们的好学校。在系统层面，面对那些难以投入学习的学生，一个有效的做法是设立后文所提到的特别中学。这些特别中学的独特之处在于它们采用的教学方法能够吸引这一特定群体的学生。以北烁学校（Northlight School）为例，该校成立于 2007 年，专门招收小六会考不及格的学生。为了激发这些学生的学习兴趣，学校教师必须采用与传统方法不同的教学方式：[29]

我们致力于让课程变得更加贴近实际生活，学生们能够将课堂所学应用到真实情境中。我们开发了自己的课程和教学材料，不再依赖传统的教科书……尽管许多学生的数学基础并不扎实，但他们逐渐用一种全新且有意义的方式学习数学。虽然这一过程听起来简单，但这正是我们不断努力实现的目标。

教师们致力于理解学生，并让学习对他们来说更具情境性和意义。那么，如何衡量这些学生是否更投入学习呢？一个简单的标准是学生上学的积极性有多高：[30]

学校成立之初的目标是将辍学率从 60% 降低到 25%。在北烁学校，学生的学习动力显著提升，2009 届毕业班的辍学率降至 14%，而 2011 年更是仅为 10%，远远低于学校最初设定的目标。学生们对北烁学校有归属感，动手教学法让学习变得有趣，他们也更加期待每天的校园生活。

这些例子揭示了一个重要观点：教与学的创新基于对学生学习方式的更深

入理解，从而能够相应地调整教学方法。因此，提升学生的学习参与度不仅是教师通过加入趣味或新颖性内容来进行所谓的"创意"尝试，而是需要更严谨的科学依据。在这一背景下，新加坡正积极发展学习科学领域的研究能力。正如我在前文提到的，新加坡国家研究基金会通过提供丰厚的资金支持各类研究项目，旨在科学评估新加坡教育方法的有效性，并开发新的教学策略以提升学生的学习效果，核心目标是深入了解不同学生的学习方式，从而调整教学方式。这些项目致力于基于神经科学的证据推动认知理论与教育干预措施的发展，同时还包括开发技术平台和工具，以支持干预措施的广泛应用。国立教育学院也在相关领域开展了许多研究项目。新加坡的长远目标是成为全球学习科学领域的研究中心。

总结

在 20 世纪 90 年代，我教授十七八岁学生的数学。有一次，我在食堂和几位老师闲聊时，几位同事抱怨学生除了考试内容之外，对任何东西都提不起兴趣，似乎缺乏求知欲和探索精神。

当我回到办公室时，一名学生走过来，手里拿着一本《十年考题》。她对我说："老师，我不懂这道题，您能为我讲解一下吗？"我看着她，她眉头紧锁，神情中充满了困惑和紧张。我低头看了一眼她手中的题目，啊！这是一道 20 世纪 70 年代的老题目，早就不会出现在我们现在的考试中了。我对她说："别担心，这道题不在考纲里。因为我之前没教过这个内容，所以你不会做也很正常。"她明显松了一口气，露出了轻松的神色："不在考纲里？难怪我不会做！"接着，她的表情变得有些厌烦："我竟然浪费了整个上午的时间在这道题上！"我说："其实这道题还挺有意思的。如果你想知道解法的话……"正当我要继续解释时，她立刻打断我："不，不用了，反正这道题不会出现在考试里，对吧？"我点了点头："是的，离考试不远了，没必要在这上面浪费时间。"她又一次如释重负，满脸笑容地走出了办公室，仿佛躲过了一堂"额外"的数学课。

看着她离去的背影，我微笑着，觉得自己似乎帮了她一点忙。我开始整理桌上的文件，突然意识到自己刚才都说了什么，"不在考纲里""不要浪费时间在这上面"，这不正是老师们在抱怨的问题吗？或许新加坡的教师们过于专注于完成教学大纲，确保学生取得好成绩，而忽略了培养他们的好奇心和探索精神。然而，未来属于那些富有创造力和创新精神的人，这仍然是我们今天面临的挑战。

参考文献

1 Heng, S. K. (2012, September 12). Keynote Address by Mr Heng Swee Keat, Minister for Education at the Ministry of Education Work Plan Seminar at Ngee Ann Polytechnic Convention Centre. Retrieved from http://www.moe.gov.sg/media/speeches/2012/09/12/keynote-address-by-mr-heng-swee-keat-at-wps-2012.php.

2 Lee, H. L. (2004). *Let's Shape Our Future Together*. Swearing in Speech by Prime Minister Lee Hsien Loong. Retrieved from http://www.mfa.gov.sg/content/mfa/overseasmission/tokyo/press_statements_ speeches/2004/200408/press_200408_5.html.

3 Jones, B., Valdez, G., Nowakowski, J., & Rasmussen, C. (1994). *Designing Learning and Technology for Educational Reform*. Oak Brook: North Central Regional Educational Laboratory.

4 Luo, S. (2013, July 31). Cut some slack, give homework a rest. *The Straits Times*, p. A25.

5 Isralowitz, R. E. & Ong, T. H. (1990). Singapore youth: The impact of social status on perceptions of adolescent problems. *Adolescence*, 25(98), 357–362; Ho, K. C. & Yip, J. (2003). *YOUTH.sg: The State of Youth in Singapore*. Singapore: National Youth Council.

6 Ministry of Education (MOE) (2013, July 19). Highlights from Education Dialogue Session with Students. Retrieved from http://www.moe.gov.sg/our-singapore-conversation/files/highlights-students-dialogue-20130719.pdf.

7 Huan, V. S., Yeo, L. S., Ang, R. P., & Chong, W. H. (2008). The impact of adolescent

concerns on their academic stress. *Educational Review*, 60(2), 169–178.

8 Ministry of Education (MOE) (2013, July 19). Highlights from Education Dialogue Session with Students. Retrieved from http://www.moe.gov.sg/our-singapore-conversation/files/highlights-students-dialogue-20130719.pdf.

9 Lee, P. (2015, February 7). Pupils get to hone skills with past years' PSLE papers. *The Straits Times*, p. B2.

10 Mokhtar, F. (2015, February 7). High demand for past PSLE papers. *Today Online*. Retrieved from http://www.todayonline.com/singapore/high-demand-past-psle-papers.

11 Oon, L. (2013, June 6). June break packed with homework. *My Paper*, p. A10.

12 Huan, V. S., Yeo, L. S., Ang, R. P., & Chong, W. H. (2008). The impact of adolescent concerns on their academic stress. *Educational Review*, 60(2), 169–178.

13 Organization for Economic Cooperation and Development (OECD) (2014). *Does Homework Perpetuate Inequities in Education? PISA in Focus, Issue 46 (December)*. Paris: PISA, OECD Publishing.

14 Organization for Economic Cooperation and Development (OECD) (2014). *Does Homework Perpetuate Inequities in Education? PISA in Focus, Issue 46 (December)*. Paris: PISA, OECD Publishing.

15 Teng, A. (2014, December 25). S'pore ranks third globally in time spent on homework. *The Straits Times*, p. A6.

16 Teng, A. (2014, December 25). She takes 13 hours of homework a week in her stride. *The Straits Times*, p. A6.

17 Kua, J. (2013, September 14). Resolve unhealthy stress in school. *The Straits Times*, p. A35; Luo, S. (2013, July 31). Cut some slack, give homework a rest. *The Straits Times*, p. A25.

18 Organization for Economic Cooperation and Development (OECD) (2014). *Does Homework Perpetuate Inequities in Education? PISA in Focus, Issue 46 (December)*. Paris: PISA, OECD Publishing.

19 Teng, A. (2014, December 25). S'pore ranks third globally in time spent on homework. *The Straits Times*, p. A6.

20 Teng, A. (2014, December 25). S'pore ranks third globally in time spent on homework. *The Straits Times*, p. A6.

21 Toh, K. & Sim, B. (2012, September 14). Schools taking steps to reduce homework. *The Straits Times*, p. B2.

22 Rajah, I. (2013, September 16). Effects of Tuition on Mainstream Education. Parliamentary

Replies by Senior Minister of State of Education, Indranee Rajah. Retrieved from http://www.moe.gov.sg/media/parliamentary-replies/2013/09/effects-of-tuition-on-mainstream-education.php.

23 Teng, A. (2013, September 19). No tuition? No way, say some. *The Straits Times*, p. B6.

24 Teng, A. (2013, September 19). Tuition in four subjects despite doing well. *The Straits Times*, p. B6.

25 Teng, A. (2013, September 19). From failing science, she now aims to ace it. *The Straits Times*, p. B6.

26 Humphries, H. (2015, April 13). Kids sleep, private tutors do their homework. *The New Paper*, p. 4.

27 Organization for Economic Cooperation and Development (OECD) (2013). *PISA 2012 Results: Ready to Learn: Students' Engagement, Drive and Self-Beliefs* (Volume 3). Paris: PISA, OECD Publishing.

28 Ministry of Education (MOE) (2013). *Engaging our Learners: Teach Less, Learn More*. Singapore: Ministry of Education.

29 Lie, E. (2013). NorthLight School—Giving less academically inclined students hope. *EduNation issue 6*. Retrieved from http://www.edunationsg.com/2013/201306/cover-story02.html#.UpcCRtIW18E.

30 Lie, E. (2013). NorthLight School—Giving less academically inclined students hope. *EduNation issue 6*. Retrieved from http://www.edunationsg.com/2013/201306/cover-story02.html#.UpcCRtIW18E.

梦想蓝图三：每位教师都是关爱学生的教育者

在教师这一职业中，关爱的作用与思维同样重要，有时甚至更为关键。无论政府如何调整教育体系的结构、课程设置、评估方式或考试制度，如果缺乏关爱学生的教师，那么就无法实现优质教育。一个没有关爱学生的教师的教育体系，犹如一辆没有燃料的汽车。那么，什么是关爱学生的教师呢？前教育部部长王瑞杰曾这样说道：[1]

> 一位关爱学生的教师坚信每位学生都有学习的潜力，并以此为基础去行动。他能够与学生建立联系，激励他们，了解他们的需求，塑造他们的价值观和品格，帮助他们全面发展，并激发他们的最大潜力。一位关爱学生的教师也是一位教学能力出众的教师，不仅能够精通教学内容，而且能够通过精心的课程设计和高效的课堂实施来吸引学生的兴趣。我明白，要想成为这样一位关爱学生的教师并非易事。

因此，成为一名有爱心的教师涉及两个重要方面。首先是情感层面，关爱学生的教师关注学生的身心健康和全面发展。其次是专业层面，关爱学生的教师致力于不断提升自己的教学能力，以更好地指导学生学习。

成功的教育体系有一个共同特点，那就是确保教师保持高水平的素质。[2]许多研究指出，高质量的教师是新加坡教育体系取得优异成绩的关键因素之一。[3]新加坡的教师招聘过程极为严格，仅从学业表现排名前 30% 的申请者中进行筛选。申请成为教师的人须通过面试严格筛选，确保招募的都是真正对教学充满热情的人。教师培训的学费由教育部全额承担，且在培训期间，教师还能领取工资。教师的起薪与其他高声望职业（如工程和法律）相当，同时还拥有多条发展路径。教师可以根据自己的特长和能力，选择教学、管理或学术研究三个专业轨道中的一条发展。每个轨道都设有优厚的工作待遇和广阔的发展机会。在新加坡，教师享有很高的社会地位，远超美国或英国的同行。教师的薪资丰厚（事实上，2015 年教师的薪资增长了 4%—9%），工作稳定，职业前景也非常乐观。新加坡高效教育体系的核心在于教师招聘、培训、职业发展和职业路径体系的全面构建。那么，我们能从中汲取什么经验，是提高教师薪酬吗？是善待教师吗？这些固然重要，但背后还有更深层次的启示。

新加坡意识到其他许多国家的教育体系可能尚未察觉到的一些点。正如俗话所说，"培养一个孩子需要一个村庄"，同样，有爱心的教师也需要专业群体的支持。爱心不仅仅是一种情感，它还需要持续的情感投入和实际行动。许多教师在工作中面临专业和情感的复杂挑战，常常感到压力重重。虽然他们带着服务的初衷进入这个行业，但在感到疲惫或失望时，往往选择离开。所以，随着教育挑战的日益复杂，新加坡认识到，教育服务必须不断优化，以帮助教师不仅能够关爱学生，还能持久地关爱下去！指望教师在没有系统支持的情况下独自承担关爱学生和教学的责任是不现实的，甚至在他们感到受系统束缚时，情况会变得更加糟糕。

许多人看过启迪人心的关于教师的电影，这类电影通常有温馨的结尾，如《死亡诗社》（*Dead Poets Society*）。这样的教师之所以能感动人心，根本原因在于他们的关怀。他们用心关爱学生，建立深厚的情谊，巧妙地引导学生，并让学生对未来充满希望。然而，电影中的这些教师常常被描绘成孤独的英雄，他们是与冷漠的系统或学校抗争的个体，不仅要鼓励学生克服困难，还要与无情或盲目的领导及权威作斗争。这些教师通常是特立独行的，勇敢而坚定的，完全凭借自己的信念和个性行事。学生能遇到这样的教师无疑是幸运的。在电影中，这样的情节或许感人，但在新加坡的现实中，这未必是理想的。

在每个孩子都至关重要的小国中，孩子是否能遇到有爱心的教师，不能由运气决定。"每位教师都是关爱学生的教育者"展现了教育职业的理想。当你看到全国范围内充满关爱之情、专注于学生和教育的教师时，这才是真正的高质量教师队伍。这不仅关乎个别教师，还关乎整个教育体系。新加坡的教师以个人身份践行关怀，同时也作为专业共同体展现担当。关爱既是一种个人的付出，也是一种系统性的努力。新加坡的教育体系确保教师得到支持，成为有爱心的教育者。正如前教育部部长王瑞杰所说："要培养关爱学生的教师，首先必须关心我们的教师。"[4] 因此，新加坡在推动教师成为有爱心的教育者时注重以下三个关键领域。

- 情感层面：支持教师关爱学生，关注学生的情感需求。
- 专业层面：支持教师精进教学技能，提升专业素养。
- 系统层面：为有爱心的教师提供持续关怀与支持，使其长期发挥积极作用。

在深入探讨这些之前，我们先了解新加坡教师面临的挑战。

新加坡教师面临的挑战

教师在职业生涯中需要承担多重角色，他们不仅是教练和导师，还是学生的榜样。除了要成为高效的知识传授者和引导者外，教师还应立志成为充满人文关怀的教育者。促使他们成为有爱心教师的动力，源于他们对教育事业的热忱、对学生的关爱，以及对教育价值和教化育人力量的坚定信念。要成为一名关爱学生的教师，绝非易事。

对于一些教师，甚至可能是许多教师来说，日常教学中的种种需求让他们身心疲惫。他们是优秀的教师，始终努力做到最好，但在日复一日的压力下，感觉自己像一支摇曳的蜡烛，虽然未完全熄灭，却几乎燃尽了。每年都有许多充满热情的新人踏上教师岗位，怀抱梦想，渴望成为能够关爱学生的教师。然而，几年后，许多人渐渐失去了最初的动力。虽然他们内心深处依然关爱学生，但这份工作确实充满挑战。作为一名教师，远不止站在讲台上教授一门学科。除了日常教学外，教师还要承担许多额外的责任和义务，包括与家长会谈、辅导问题学生、参与学校项目、参加委员会会议、组织课外活动等，当然，还要批改作业和备课。这些任务似乎没有尽头。如果你询问新加坡的教师他们在学校的日常安排，他们会告诉你每天的工作有多么繁忙。

一位邻里学校教师的妻子曾致信本地报纸，表达了对丈夫长时间工作的担忧，以及对高强度工作导致的工作与生活失衡的忧虑：[5]

> 我的丈夫几乎周末也不能休息。我常常问他，是不是因为被特殊对待，所以才要承受如此繁重的工作量。他告诉我并非如此，他的同事们同样背负着沉重的工作压力。现在是上午 10 点，我正在写这封信，而我的丈夫正在发烧，但他无法去看医生，因为下午还有一场口试。我理解教师需要对学生和家长负责，但如果教师因健康问题倒下，又有谁会对教师的家庭负责呢？

教师们常常感叹，对于需要他们完成的大量任务，最终不得不做出取舍。据一份报纸报道，一位前任教师提到，教师们因忙于处理行政事务，备课工作往往被迫退居次要地位，反思性教学这一关键过程也因此被忽视。教师们的日常生活充斥着各种"杂音"，这使得他们很难找到片刻的宁静来进行反思。[6]

2013 年的教师教学国际调查（Teaching and Learning International Survey）结果显示，新加坡教师平均每周工作 48 小时，比全球平均水平多出 10 小时。尽管他们用于课堂教学的时间相对较少（每周 17 小时，调查平均值为 19 小时），但他们在批改作业和处理行政事务上花费的时间却显著高于其他国家的教师。[7]尽管调查结果显示新加坡教师的工作量位居全球前列，但一些教师仍质疑这些数据。接受媒体采访时他们指出，48 小时只是最低的工作时长，实际上每周工作 50 小时才更接近他们的实际工作量。教师们列举了多个导致他们长时间工作的原因。新加坡的班级平均规模为 36 名学生，而全球平均仅为 24 名学生。教师不仅要教授多个班级，还需花费大量时间批改作业和处理行政事务。[8]此外，他们还要为学业较弱的学生补习，出考题并批改试卷，管理学生的课外活动以及其他促进学生全面发展的项目，同时还要投入时间关爱学生并与家长保持沟通。

一位教师每年要面对许多学生，要做到关爱每一个学生、因材施教，确实不易。新加坡强调教师巧妙利用生活中的教育契机向学生传授价值观的重要性。通过直接授课的方式传递价值观并不轻松，而教育契机为学生提供了一个与价值观联系直接且有意义的背景，但这需要教师在常规课堂之外抓住每一个机会，尤其是在非教学时间。几位教师告诉我，他们有时会有意识地让这些教育契机"溜走"，因为他们实在太累了。一位教师坦言："我确实关心学生，但我有太多事情要处理了，要成为一位关爱学生的教师并不容易！"前教育部部长王瑞杰也承认:"教学并不是朝九晚五的工作……教师越有爱心,他们感受到的压力就越大。"[9]

2013 年教师教学国际调查报告发布后,一家本地报纸曾指出:"新加坡的教师比芬兰、英国和美国的教师更受尊重。"[10] 然而,大多数教师可能并不这样认为。现实中,师生的互动关系变得更加复杂。许多资深教师感叹,过去那个学生纪律严明、尊重师长的时代已然远去,目前学生的纪律问题日益加剧。如今学生过度沉迷科技带来的干扰,这导致他们缺乏发展基本社交技能的机会。对于一些教师而言,尽管教育体系的初衷良好,但他们却面临这样一个新时代:顽皮懒散、捣乱课堂的学生层出不穷,而这些学生的家长往往溺爱孩子,随时准备向校长甚至教育部部长投诉。虽然顽皮、懒散和捣乱的学生只占少数,但每周处理几起这样的事件,足以让教师身心俱疲,丧失动力。

一份本地报道指出,近年来家长对学校和教师的要求日益提高,给教师们带来了不小的心理压力。报道称,家长希望在诸如课堂管理和教学方法等事务上拥有更多的话语权,有些甚至会与教师对峙,或威胁要通过媒体曝光问题。家长们则表示,他们只是希望为孩子的教育争取最好的结果。报道还引用了一位本地社会学家的观点,他认为,新加坡正逐渐变成一个更具消费主义色彩的社会,在这个社会中,家长和学生将自己视为"客户",而教师和学校则是"服务者"。[11]

这种变化使一些教师对家长过度保护孩子感到担忧,担心家长将问题闹大,因此在处理纪律问题时,他们往往选择更加谨慎,甚至做出让步。[12] 此外,随着新加坡社会的发展,许多家长的学历水平与教师相当,甚至更高,他们更倾向于告诉教师,自己认为教师应该为孩子做些什么。这种现象可能会打击一些教师的士气,影响他们的教学质量,最终受影响的还是学生。

王瑞杰部长指出,教师在应对强势家长时面临着艰难的挑战。他呼吁家长给予教师更多支持，并强调学生、家长和教师在维护教师职业尊严方面都承担着不可或缺的责任。[13] 教育部也明确表态会在教师处理纪律问题时支持教师，只要教师合理维持纪律，教育部将全力支持他们。[14] 即便课堂互动频繁，学生也必须尊重教师，并学会基本的礼貌和尊重，否则学校的学习环境将受到影响。要让有爱心的教师获得充分支持，并在管理和教育问题学生时有足够的保障，需要各方的理解与合作。我记得一位学校领导曾与我分享过他的看法：如果教师感受到学生和家长在专业事务上给予他们尊重，他们会自然而然地受到使命感的驱动，尽全力为学生提供最好的教育。"每位教师都是关爱学生的教育者"这一愿景绝非仅靠教师个人的努力就能实现的。

然而，一方面，一些家长对自己孩子的不良行为过于宽容；另一方面，社会对教师寄予极高的道德标准期待。2012 年，新加坡接连发生几起涉及教育工作者的丑闻，轰动了全国。其中一起涉及一位前校长，被广泛报道[15]，公众对此深感愤怒。教育工作者肩负着培养和引导孩子的重任，社会期望只有具备高尚道德和优良品格的人才能胜任这一职责。这体现了新加坡社会对教师的高度尊重与期望。王瑞杰部长表示：[16]

有时，我们确实会遇到一些未能履行职责、让我们失望的教师。对于教育工作者的不当行为，我们必须严肃对待，以维护公众的信任。我们必须守护这一职业的精神和价值观，确保其继续赢得尊重。绝大多数教育者都坚持高标准的专业水平，我们应致力于让每位教师都成为关爱学生且胜任教学的教育者。

那么，国家如何支持教师成为关爱学生的教育者呢？

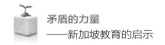

支持教师成为关爱学生的教育者

新加坡教师普遍表现出极强的韧性。尽管他们感受到压力，并在同事间吐槽繁重的工作量，但他们始终坚持不懈。教育部在 2013 年国会答复中提到，过去五年，教师的年度辞职率一直保持在约 3% 的低水平。此外，根据离职面谈和调查，工作量并未成为教师辞职的主要原因。[17]2013 年教师教学国际调查显示，88% 的新加坡教师对自己的职业感到满意，这一比例与全球 91% 的平均水平相差不远。[18]尽管如此，新加坡仍采取了一系列有针对性的措施，以支持教师成为关爱学生的教育者。

第一，从系统层面看，教师队伍需要有足够大的规模，才能应对繁重的工作量。因此，一个直接且务实的策略是增加教师人数。2010 年招聘 3 万名教师，到 2015 年，这一数字已增至 3.3 万名，预计短期内这一数字不会进一步增长。为协助教师处理学生的行为问题和学术问题，同时提供临时的人力支持，政府实施了教育协作人员计划和临时教育协作人员计划。正如王瑞杰部长所言：[19]

> 许多教师在关心学生与照顾自己的孩子之间感到左右为难。我们理解这一挑战，因此定期审查人力资源制度，以更好地满足教师在工作与生活平衡方面的需求。例如，因为教师没有年假，所以我们为他们提供了在必要时申请紧急假的规定。对于需要请假超过六个月的教师，教育部可以随时调配多达 1000 名替代人员，确保教师的工作得到接替。

第二，教育体系在教师的专业发展方面给予了充分的支持。2013 年教师教学国际调查显示，新加坡教师是全球受过最优质培训的教师群体之一。[20]98%

的教师在正式上岗前，参与了严格的实际课堂实践培训（国际平均为 89%）。此外，98% 的教师参与了专业发展活动（国际平均为 88%），94% 的教师参与了专业学习团队合作（国际平均为 84%），80% 的教师参与了课堂观察和反馈练习（国际平均为 55%）。另外，39% 的教师担任导师角色（国际平均仅为 14%），68% 的教师认为教师职业在新加坡社会中受到尊重和重视（国际平均仅为 31%）。新加坡也是全球教师队伍最年轻的国家之一，教师的平均年龄为 36 岁，比全球平均年龄 43 岁小 7 岁，新加坡同时拥有最高比例的 30 岁以下教师。[21] 教育部将这一成果归因于其持续地招聘教师，使教师队伍能够不断更新和扩大。[22]

第三，教育部通过国立教育学院提供的一系列阶段性发展项目，系统性地支持教师职业发展，帮助那些有潜力升任更高职位的教师。[23] 例如，"教育领袖课程"是一项为期六个月的全日制高级管理课程，旨在为经过精心挑选的副校长或同等职级的教育部人员提供学校领导培训。另一项"学校管理与领导课程"则是为期 17 周的全日制课程，专门为选拔出来的学校中层领导设计。在这些项目中，参与者不仅深入反思自己的教育理念与实践，还会被安排到其他学校（非其所属学校）负责实际项目，特别是在教学领域，为这些学校带来积极影响。这些项目让参与者在没有正式职位或职权的情况下领导学校项目，促使他们在真实情境中做到理论与实践结合，从而提升领导力。这些课程的参与者由教育部全额资助，并在项目期间继续领取基本工资。此外，参与者还将进行一次海外学习考察（教育领袖课程为期两周，学校管理与领导课程为期一周，均由教育部资助），以观察不同的教育体系，并通过反思激发自身对本地教育改革的思考。

第四，新加坡特别强调教师对自身角色、目标、价值观及教育精神的认知，并鼓励他们从内心汲取力量。当前，国立教育学院为所有教师提供培训，

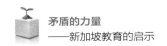

采用改进版的"V³SK 模型"(价值观 Values、技能 Skills 和知识 Knowledge)作为教师培训框架。该模型的核心是"价值观",包含三个要素:以学生为中心、教师身份认同,以及献身教育事业、服务社会。[24] 每位新加坡教师都会宣誓教师誓言,通常在教师完成国立教育学院培训后的授职典礼上由教育总司长带领大家集体诵读,誓言内容如下:[25]

> 我们是新加坡的教师,誓愿:
>
> 我们将忠于使命,致力于充分发掘每位学生的潜力;
>
> 我们将以身作则,履行职责;
>
> 我们将引导学生成长为对新加坡有贡献的好公民和有用人才;
>
> 我们将不断学习,并把学习的热情传递给学生;
>
> 我们将赢得家长和社区的信任、支持与合作,共同完成我们的使命。

在新教师宣誓典礼上,每位新晋教师都会获得一个罗盘。这个指向正北的罗盘象征着教师职业精神的各个方面,代表着教师价值观的坚定不移[26],这是新加坡对教师的期望。誓言和罗盘共同提醒教师他们的角色与责任。新加坡教育体系的力量不仅依赖于个别教师,更依赖于全国范围内的教师群体,他们日复一日地齐心协力,共同奋斗,整体的力量远远超过个体之和。因此,新加坡投入了大量精力建设教师团队,促进教师相互支持,帮助教师认识到,成为一名关爱学生的教师虽然充满挑战,但至关重要。

第五,新加坡始终秉持着关怀教师、维护教育者形象的理念。每年,新加坡都会举办教师节庆祝活动,全国各地的学生以各种温馨的方式向教师表达敬意。一些学生会亲手制作贺卡,一些学生会准备精彩的表演节目。与此同时,新加坡还设立了"卓越教师奖",这是国家对教师的最高表彰,旨在奖励那些在教学中表现卓越、关爱学生、激励学生的教师。该奖项自 1998 年创立以来，每年都会有三至四名教师获此殊荣，并在教师节当天由总统在总统府亲自颁奖。教育部还设立了一个专门网站，让学生和家长可以在线向教师表达感谢与敬意。该网站名为"您的鼓励之言"（Your Words of Encouragement），教师可以浏览学生和家长的赞美，从中汲取情感支持，激励自己继续投入教育事业。

在新加坡，你会在一些公交车上看到大型广告牌，提醒公众"教育就是塑造国家的未来"。此外，教育部还会在电视上播放广告，传递教师肩负伟大使命的信息。以模范教师为主题的广告，如"Mrs Chong""Mrs Cordeiro"和"Mr Kumar"等，生动展示了关爱学生的教师如何帮助那些迷失方向的学生重拾生活目标，深深打动了许多市民。这些广告广受好评，甚至还获得了"电视广告观众选择奖"。尽管这些广告讲述了新加坡伟大教师的故事，但也反映了新加坡普通教师的日常工作，只是少了几分戏剧性。

为表达对教师的支持，教育部还创建了一个名为"书包"（https://schoolbag.sg/）的网站，专门分享教师与学生互动的真实故事，展现教师对学生产生的积极影响。这些故事不仅提升了教师的形象和士气，也让全社会共同见证并庆祝他们的成就。接下来，我们来看一个与库马尔（Mr Kumar）老师有关的故事。[27]

2013 年，本地电视台播出了一则关于教师库马尔和他的学生格伦（Glenn）的广告。广告讲述了年轻的格伦经历的种种挫折：与家人发生冲突、在学校惹麻烦甚至触犯法律。每个片段的结尾都出现了库马尔老师在旁训导和指导他的画面。广告的最后，格伦成长为一名青年事务专家顾问，与社区机构合作，积极接触弱势青少年，为他们提供支持，帮助涉事青少年重塑人生，并表达了对库马尔老师的深切感激。格伦分享了与像库马尔老师这样关爱学生的教师相处的经历，讲述了这种陪伴如何改变了他的一生：

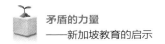

库马尔老师在应对问题学生时有自己独特的方法，而我就是其中一个例子。当所有人都对我失去信心时，他依然坚定而不失权威地支持我。尽管他有时对我感到失望，但从未居高临下地看我或贬低我。相反，他始终给予我重新找回自己的机会，并不断鼓励我朝着一个个小目标前进，改正自己的不良行为。在指导过程中他始终保持耐心，是库马尔老师成就了今天的我。

正如格伦和库马尔老师的故事所展示的，一个关爱学生的教师能够对学生的生活产生深远且持久的影响。拥有 36 年教学经验的库马尔老师分享了他在帮助问题学生时的理念：

关键在于引导学生反思他们的选择以及这些选择带来的后果。如果我能让他们为自己的行为负责，那么就已经成功一半了。另一半则是帮助他们找到解决问题的方法，以及我如何在其中发挥作用。

库马尔老师的满足感来源于什么？

这听起来可能像是一句老生常谈，但当你听到你的学生或曾经的学生（有时甚至是多年之后）告诉你，你以某种方式影响了他们的生活，并且在他们的人生中发挥了重要作用时，这就显得格外有意义，也让教师这份职业变得更加珍贵。

除了重视教师对学生的培养外，新加坡还重视教师之间的相互培养。让我们来看一个来自"书包"网站的故事。穆罕默德·萨拉赫丁（Muhamad Salahuddin）是实龙岗初级学院（Serangoon Junior College）的生物学主导教师。作为教师导师，他始终以身作则，指导新教师和有经验的教师，希望能创建一个勇于分享和相互学习的教师团队。他说：[28]

> 自 2008 年以来，我每年都会指导约四名新教师，为他们提供建议，观察他们的课堂表现，并帮助他们提升教学技能，这让我备感充实和快乐。他们经常遇到的一个问题是，如何确保学生不仅享受课堂，还能真正理解所学内容……我乐于分享我的知识，因为合作蕴含着巨大的力量。如果这种合作能够推广至全国层面，确实能够为整个教育行业带来积极的影响。正因如此，我与新加坡教师学院保持密切合作，组织全国范围的研讨会，让我能够帮助更多学院以外的教师。通过这些研讨会，我结识了来自其他学校的许多教师，他们常邀请我担任导师或协助完成研究项目。

这些"书包"网站上的故事不仅仅是故事，还象征着教师在新加坡的重要性，并激励和塑造新加坡的教育工作者。

总结

20 世纪 90 年代，我教授十七八岁的学生。有一次，其中一个班决定放学后去市中心吃晚餐，我也决定一同前往。我们一起上了公交车，坐在车前排的座位上。我的学生显然心情很好，他们开着玩笑，笑声不断，原本安静的公交车变得吵闹起来。可能那天司机心情不佳，他突然转过身，对着我的学生厉声责骂："你们是哪所学校的？你们的蠢老师没教过你们闭嘴吗？"坦白说，我的学生并没有失礼，他们只是稍微有些吵闹而已，他们的言行无疑比司机那一连串的辱骂要文明得多。一些学生，特别是男生，立刻坐直了身子，似乎准备在言语上进行反击，我迅速制止了他们。其中一个男生满脸愤慨地说道："这太不公平了！我们根本没做错什么！他用脏话骂我们，我们才不怕他呢！"他的话得到了其他同学的点头赞同。我对他们说："但我们确实有些吵闹，我们应该更体谅他人一些。司机有他的理由，我们安静下来吧。他对我们大喊大叫，你们会觉得不文明，你们想要和他争执，那会更文明吗？"

随后，我走向公交车司机，他用一种半警惕半挑衅的眼神看着我。我说道："对不起，打扰您了。我是他们的老师，很抱歉没有教好我的学生。"那一刻，他似乎有些不知所措。也许他原本以为我会与他争执，或者以为我也是学生，但他肯定没想到这个"蠢老师"会出现并向他道歉。他结结巴巴地说："没关系……我是说，学生有点吵……他们并不是坏孩子……对不起……我只是……"我明白他的意思，接着，我和他聊了聊他今天的情况。他告诉我，尤其是在晚上，学生挤满了公交车，吵闹不休，而且不愿意往车厢后面走。原来这就是他沮丧的原因。我回到了学生身边，他们都迫不及待地想知道我和司机之间发生了什么，我如实相告。有些人觉得有趣，其他人则充满好奇，我告诉他们："真正的力量，不在于你如何报复冒犯你的人，而在于你有能力以温和的方式对待他人。"

当我们到达目的地时，我特意走向司机，向他道别，他特地为我打开了前门，尽管没有乘客要上车。在新加坡公交司机的文化中，这是一个特别友好的举动。这件事发生在很多年前，如今，随着新加坡在日益复杂的世界中强调价值观教育，教师更应抓住教育契机。关爱学生的教师会把握每一个教育学生的机会，而关怀教师的教育体系则会抓住每一个培养教师的时机。

参考文献

1　Heng, S. K. (2012, September 12). Keynote Address by Mr Heng Swee Keat, Minister for Education at the Ministry of Education Work Plan Seminar at Ngee Ann Polytechnic Convention Centre. Retrieved from http://www.moe.gov.sg/media/speeches/2012/09/12/keynote-address-by-mr-heng-swee-keat-at-wps-2012.php.

2　Darling-Hammond, L. (2010). Teacher education and the American future. *Journal of Teacher Education*, 61 (1–2), 35–47; Mourshed, M., Chijioke, C., & Barber, M. (2010). *How the World's Most Improved School Systems Keep Getting Better*. London: McKinsey.

3　Read, for example, Darling-Hammond, L. & Rothman, R. (2011). Lessons learned from Finland, Ontario, and Singapore. In L. Darling-Hammond & R. Rothman (Eds.), *Teacher and Leader Effectiveness in High-Performing Education Systems* (pp. 1–12). Washington, DC: Alliance for Excellent Education and Stanford, CA: Stanford Center for Opportunity Policy in Education; Goodwin, A. L. (2012). Quality teachers, Singapore style. In L. Darling-Hammond & A. Lieberman (Eds.), *Teacher Education Around the World: Changing Policies and Practices* (pp. 22–43). New York: Routledge; Sclafani, S. (2008). *Rethinking Human Capital in Education: Singapore as a Model for Teacher Development*. Washington, DC: Aspen Institute.

4　Heng, S. K. (2012, September 12). Keynote Address by Mr Heng Swee Keat, Minister for Education at the Ministry of Education Work Plan Seminar at Ngee Ann Polytechnic Convention Centre. Retrieved from http://www.moe.gov.sg/media/speeches/2012/09/12/keynote-address-by-mr-heng-swee-keat-at-wps-2012.php.

5　Quek, A. (2012, May 5). Work-life balance? Here's one day in the life of a teacher. *The Straits Times*, p. A42.

6　Teng, A. (2014, June 27). "48 hours? It's more than that", says teachers. *The Straits Times*, p. B14.

7　Organization for Economic Cooperation and Development (OECD) (2014). *TALIS 2013 Results: An International Perspective on Teaching and Learning*. Paris: OECD Publishing.

8　Teng, A. (2014, June 27). "48 hours? It's more than that", says teachers. *The Straits Times*, p. B14.

9　Heng, S. K. (2012, September 12). Keynote Address by Mr Heng Swee Keat, Minister for Education at the Ministry of Education Work Plan Seminar at Ngee Ann Polytechnic Convention Centre. Retrieved from http://www.moe.gov.sg/media/speeches/2012/09/12/keynote-address-by-mr-heng-swee-keat-at-wps-2012.php.

10 Today (2013, October 3). Teachers in Singapore more respected than in Finland, UK, US: Study. *Today Online*. Retrieved from http://www.today-online.com/daily-focus/education/teachers-singapore-more-respected-finland-uk-us-study.

11 Ng, J. Y. (2012, June 8). Teachers feel more heat from parents. *Today*, p. 1.

12 Ho, K. L. (2010, August 12). Where's the discipline?—Too often, school leaders' hands are tied when dealing with errant students. *Today*, p. 12.

13 Ng, J. Y. (2012, June 8). Teachers feel more heat from parents. *Today*, p. 1.

14 Ministry of Education (MOE) (2010, August 18). Discipline Is Key. Forum Letter Replies. Retrieved from http://www.moe.gov.sg/media/forum/2010/08/discipline-is-key.php.

15 Chan, F. & Chong, E. (2012, April 28). Ex-principal jailed 9 weeks. *The Straits Times*, p. A3.

16 Heng, S. K. (2012, September 12). Keynote Address by Mr Heng Swee Keat, Minister for Education at the Ministry of Education Work Plan Seminar at Ngee Ann Polytechnic Convention Centre. Retrieved from http://www.moe.gov.sg/media/speeches/2012/09/12/keynote-address-by-mr-heng-swee-keat-at-wps-2012.php.

17 Ministry of Education (MOE) (2013, November 11). Teacher Workload and Resignation Rate. Parliamentary Replies. Retrieved from http://www.moe.gov.sg/media/parliamentary-replies/2013/11/Teacher%20workload%20and%20resignation%20rate.php.

18 Organization for Economic Cooperation and Development (OECD) (2014). *TALIS 2013 Results: An International Perspective on Teaching and Learning*. Paris: OECD Publishing; Organization for Economic Cooperation and Development (OECD) (2014). *Singapore: Country note—Results from TALIS 2013*. Paris: OECD Publishing.

19 Heng, S. K. (2012, September 12). Keynote Address by Mr Heng Swee Keat, Minister for Education at the Ministry of Education Work Plan Seminar at Ngee Ann Polytechnic Convention Centre. Retrieved from http://www.moe.gov.sg/media/speeches/2012/09/12/keynote-address-by-mr-heng-swee-keat-at-wps-2012.php.

20 Organization for Economic Cooperation and Development (OECD) (2014). *TALIS 2013 Results: An International Perspective on Teaching and Learning*. Paris: OECD Publishing.

21 Organization for Economic Cooperation and Development (OECD) (2014). *TALIS 2013 Results: An International Perspective on Teaching and Learning*. Paris: OECD Publishing.

22 Ministry of Education (MOE) (2014, June 25). International OECD Study Shows a Quality, Dynamic and Committed Teaching Force in Singapore. Press Release. Retrieved from http://www.moe.gov.sg/media/press/2014/06/international-oecd-study-shows-a-quality-dynamic-and-committed-teaching-force-in-singapore.php.

23 Ng, P. T. (2013). Developing Singapore school leaders to handle complexity in times of uncertainty. *Asia Pacific Education Review*, 14(1), 67−73; Ng, P. T. (2015). Developing leaders for schools in Singapore. In A. Harris & M. Jones (Eds.), *Leading Futures—Global Perspectives on Educational Leadership* (pp. 162−176). New York: SAGE.

24 National Institute of Education (NIE) (2009). *TE21: A Teacher Education Model for the 21st Century*. Singapore: National Institute of Education.

25 Ministry of Education (MOE) (2013). *The Teachers' Pledge*. Retrieved from http://www.moe.gov.sg/about/.

26 Academy of Singapore Teachers (AST) (2012). *Ethos of the Teaching Profession*. Retrieved from http://www.academyofsingaporeteachers.moe.gov.sg/professional-excellence/ethos-of-the-teaching-profession.

27 Schoolbag (2013, February 19). Teachers Who Made a Difference—Mr. Kumar. Retrieved from http://schoolbag.sg/story/teachers-who-made-a-difference-mr-kumar.

28 Schoolbag (2015, September 3). The Teacher's Teacher. Retrieved from https://schoolbag.sg/story/the-teacher-s-teacher#.VgPQhCEZ6po.

梦想蓝图四：每位家长都是支持型伙伴

一位小学生在与同学交流时使用了脏话，结果被老师当场抓住，老师非常严肃地批评了他，告诉他这种语言容易冒犯他人，以后不要再使用。为了让孩子彻底明白这一点，老师决定联系他的父母，希望他们在家中也能够进行相同的教育，帮助孩子改正不良习惯。当天，孩子的父亲接到通知后来到学校，当得知孩子的行为后，他毫不犹豫地当着老师的面训斥孩子。令人意外的是，父亲的训斥中也夹杂着脏话！这一刻，老师顿时明白了孩子为何会使用这些不雅的语言。

孩子常常会把他们在家中看到的、学到的行为带到学校。虽然学龄儿童大部分时间是在学校度过的，但家长作为孩子的主要照顾者和支持者，毫无疑问对孩子的成长和生活产生巨大的影响。在家长支援小组的一次研讨会上，王瑞杰部长指出：[1]

教育部与每位家长有着相同的期望与梦想，我们所有的教育工作者都致力于帮助每一个孩子充分发挥他们的潜能。不论孩子的起点如何，我们的目标都是在每一所学校、每一个学习阶段，为每个孩子提供支持，帮助他们充分发展，共同创造更加美好的未来。今天，我想特别强调"共同"这个词，我们期待与关心孩子未来的家长携手合作。家长的作用至关重要，因为你们是孩子生命中的第一任也是最重要的老师。

"培养一个孩子需要一个村庄"这一理念，新加坡对此深有体会。教育体系并非孤立存在，而是与整个社会紧密相连。要让教育改革真正取得成效并长期持续，政策制定者和教育工作者必须与学校系统外的利益相关方，特别是家长，紧密合作。因此，新加坡的愿景是让每一位家长都能成为孩子学习生活中的支持伙伴。当然，实现这一目标并非易事，无疑是一个巨大的挑战。

问题与挑战

许多新加坡学生感到学习压力巨大，那么，这些压力究竟来自何处，很大一部分实际上源自他们的父母。新加坡家长对孩子学业成功的强烈期盼几乎已经成为一种典型特征。这种渴望在某种程度上可以追溯到儒家传统文化的影响[2]，但同时也深受新加坡历史发展的影响。长期以来，甚至直到今天，教育仍然被视为通往美好生活的关键。正如人们常说的，教育是社会阶层流动的重要桥梁，而高学历则是实现阶层跨越的重要途径。家长可能并非有意给孩子施加压力，他们的出发点是希望孩子拥有最好的未来，过上比自己更好的生活。然而，这种出于"为了孩子好"的心态，往往让他们忽视了孩子在这种期望下所承受的无形压力。目前，大多数新加坡家长仍然相信，通向成功的最可靠路径是通过名校获得优质学位。这样的学历被视为通向成功和富裕的敲门砖，缺乏这样的学历，成功的大门似乎就会在孩子面前关闭。

持不同意见的家长

随着家长受教育水平的提升，学校领导和教师越来越频繁地遇到那些对教育有强烈意见的家长。前总理李显龙曾指出：[3]

> 无论你教的是谁，也无论孩子的情况如何，你都需要与家长合作。如今，许多家长非常关注孩子在学校的表现以及孩子的教育问题。他们不仅

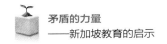
关心孩子的学习情况，还对教育的方式以及老师教得是否正确有着明确且强烈的看法。

然而，家长群体本身是多元化的，不同家长对什么才是良好的教育以及如何进行教育有着各自的看法。正如我在前文提到的，学生在小六会考中的表现决定了他们在中学所修读的课程。成绩通过 T 分数制来衡量，强调相对于同龄人的表现。这意味着，即使成绩优秀，也未必能进入心仪的学校，具体取决于其他学生的分数。为了缓解学生间的竞争压力，总理宣布将 T 分数制改为等级制。此外，直接招生计划的标准也在扩大，涵盖品格、领导力等素质，旨在认可更多领域的成功，并促进中学教育的多元化。

对于小六会考和直接招生计划的调整，各方反应不一。大多数人支持小六会考评分系统的改革，但对新系统的具体运作方式非常好奇。而另一些人则认为，基于广泛等级而非绝对积分的评分方式，可能会让小六会考不再那么注重成绩，变得更主观，透明度也不如从前。对于直接招生计划的变化，一些家长表示担忧，并提出了诸多疑问：我们该如何在录取过程中评估一个人的良好品格？由谁来做这个判断？能做到公正吗？出于外部认可而做的善行，是否应该与出于对他人的同情而做的善行同等看待？我们该如何区分二者？直接招生计划的变化是否会导致孩子或他们的父母将善行视为一种交易，仅为了获得利益而行善？对此，王瑞杰部长承认，这确实是一个复杂的问题，与我们的社会价值观和期望密切相关。[4] 不同的家长持有不同的看法，想要让所有人都满意或接受一个立场，确实十分困难。

怕输的家长

"怕输"是新加坡常见的口语表达，源自华语方言，字面意思是"害怕失败"或"害怕落后于人"。当一个人表现出怕输时，意味着他害怕输给他人，有时甚至会表现出自私或过于紧张的行为。然而，大多数情况下，怕输更多指的是通过额外的准备或抓住最佳机会来领先他人。

如今，"怕输式育儿"似乎已成为一种常态。随着新加坡的竞争日益激烈，这种心态愈加明显。家长在小学的志愿服务（家长义工）正是这一心态的体现之一。[5] 正如我在前文提到的，理想情况下，家长自愿帮助学校是出于兴趣，或者因为他们认为为学校服务有价值。为了表彰他们的贡献，家长在为孩子申请就读他们服务的学校时会获得优先权。然而，如今的家长义工已逐渐演变为家长为孩子争取进入理想学校的一种手段。热门学校有大量家长争相成为义工，而较不受欢迎的学校则鲜有家长问津，因而更难获得关注，吸引学生。虽然对家长志愿服务的认可是重要的，但志愿服务不应沦为家长为孩子争取入学机会的工具。

目前，新加坡家长中最受欢迎的网站之一是"怕输家长网"（kiasuparents.com）。该网站由几位家长于 2007 年创立，专为家长们提供新加坡教育相关信息的需求服务，已成为查阅与教育相关信息的首选平台，日均访问量约为10000 次。[6] 其中一位创办人建立此网站是因为他的儿子未能进入理想的学校，当时家长对该校的竞争情况缺乏了解。[7] 如今，网站提供有关特定学校竞争程度的数据、学校的排名情况、帮助孩子备考的技巧，甚至家长如何为孩子选择补习老师或补习中心的建议。

另一个名为"edumatters.sg"的网站为家长提供了更多关于学校的信息，家长可以通过评价给学校排名。[8] 当教育部在 2012 年停止公布会考优秀考生姓名，试图将焦点从学术成就转移时，家长找到了其他途径获取所需信息。[9] 这充分展示了新加坡家长在为孩子选择学校时的积极性！尽管教育部提供了一个在线学校信息服务网站，涵盖学校的课程和表现信息，但许多家长依然依赖这些非官方平台，以获取更多有助于他们做决策的"情报"。正如这些网站的创办者之一所言："虽然怕输可能带有负面含义，但家长怕输是因为他们希望为孩子争取最好的。"[10] 从大量家长活跃在这些网站可以看出，"怕输式育儿"不是少数过度焦虑家长的表现，而是演变成一种深植于文化中的普遍现象，并且这种文化极具渗透性。怕输家长的行为还会加剧其他原本并不怕输家长的焦虑情绪，从而使怕输主义逐渐形成一种自我强化的循环。

另一个与怕输行为相关的领域是家长为孩子花钱进行额外补习，这在前文已有讨论。许多人可能会认为，这些家长给孩子报补习班是因为孩子学业表现较弱，需要额外帮助才能通过考试。然而，实际上，许多接受补习的学生在学校的表现已经相当优异。家长之所以选择补习，只是为了多一分安心，这并不是为了让孩子有机会拿到"A"，而是为了确保他们一定能拿到"A"。事实上，一家本地报纸的报道甚至用"PSLE"的缩写进行了诙谐解读，意思为"新加坡家长超爱额外补习（Parents in Singapore Love Extra tuition）"。[11]

据一家本地报纸报道，有一位家长为女儿安排了每周六天的补习课，放学后的课程从下午 4 点一直持续到晚上 9 点。尽管她的女儿在测验和考试中的成绩常常超过 80 分，但对这位母亲来说，这仍然不够，这样的成绩不足以让女儿进入顶尖学校，或者进入提供国际文凭课程的学校。这位母亲是特别怕输，还是只是新加坡众多为孩子成绩焦虑的家长的缩影呢？[12]

从幼儿园阶段开始对孩子进行超前教育，也是"怕输式育儿"的典型表现之一。一位母亲表示，她的儿子年仅五岁，每周却要上四次华文课。她坦言："在新加坡，事情不能任其自然发展。"[13] 在孩子的教育上每月花费数千元，在新加坡家庭中已屡见不鲜。正如一位本地记者所言，补习已经演变成一场教育"军备竞赛"："家长明知这并不能显著提高孩子的成绩，但他们还是让孩子去补习，因为其他孩子都在补习。这种循环亟需被打破。"[14]

一些家长承认，他们可能是给孩子施加压力的主要来源。[15] 在一项对约 40 位家长的访谈研究中，一位家长说道："拥有快乐的童年很重要，但遗憾的是，成绩同样重要。"[16] 一些家长甚至在孩子还处于幼儿园阶段时就将他们送去"增益班"，因为他们担心孩子将来会被分到学业表现较差的班级。许多家长相信，在孩子进入小学之前，过度准备或至少让孩子拥有一个领先的起点是较为稳妥的选择。

孟母三迁的故事广为人知，孟母深知环境对孩子成长的重要性。当孟子还小的时候，他们住在坟地附近，孟子便通过模仿人们办丧事的样子来玩耍，孟母认为这不是适合他的环境，于是他们搬到了一个市场附近。然而，孟子开始模仿小贩叫卖，孟母再次觉得这不理想。最后，他们搬到了学校附近。在这里，孟子模仿学者的礼仪，孟母终于认为这是适合他的环境。后来，孟子果然成为一位伟大的儒家学者。在新加坡，家长为了让孩子进入最好的小学而搬家的现象，仿佛是对这个古老故事的现代重演。因为住在学校附近的孩子在入学时享有就近入学的优先权，所以一些家长为此购房或租房，以获取这一权利优势。曾有一位父亲为了让女儿进入一所知名学校而提供虚假信息，最终因此被判有罪。[17]

为防止这种情况的发生，教育部于 2015 年 7 月实施了一项新规定。根据"就近入学"的报名条件，家长若希望将孩子送入心仪的学校，必须确保在孩子注册时填写的住址居住至少 30 个月。[18] 此规定引发了公众的不同反应。一些人认为，30 个月的居住期限过长，可能会导致热门学校附近的房租价格上涨。也有人认为，这是一项良好的监管措施，能够有效地防止家长在孩子入学后立即退租。[19]

承受考试压力的家长

在新加坡，考试不仅影响孩子，也深刻地改变着整个家庭的生活方式。有

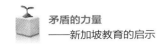
时，似乎参加考试的不是孩子，而是家长。许多家长暂停了自己的工作和社交，在考试期间全力以赴地帮助孩子，给予他们支持。一篇报纸报道了一位母亲如何帮助儿子备战小六会考。尽管她和丈夫都有繁忙的工作，她仍然决定在儿子考试前三年大幅减少工作时间，这意味着要减少海外出差，避免夜间会议，每晚早早回家，以便能系统地帮助儿子复习。[20]

有些家长甚至选择辞去工作，专注于帮助孩子准备小六会考。一位母亲因为孩子的数学成绩不理想，辞职专心辅导女儿备战小六会考。尽管女儿已经有一位私人数学补习老师，这位母亲仍然认为只有自己投入更多时间与补习老师协调，并确保女儿在家中学习，才能取得好的效果。[21]

为了更好地帮助孩子，有些家长甚至报名参加增益班和工作坊，以学习更多关于考试问题的知识和解题技巧。有些家长为了三小时的课程支付高达 300 新元的费用。[22] 这些工作坊专门为家长提供策略，教他们如何帮助孩子在考试中取得更好的成绩。据报道，一位学习中心的首席培训师描述这一增长的趋势时说道："我们在 2009 年成立补习中心时只为孩子提供课程。不久后，我们开始每年为家长举办一场工作坊。如今，我们每年举办六场，通常在 3 月、6 月和 11 月。"[23]

甚至祖父母也积极参与孙辈的学习。一位祖母参加了为期八个月的课程，以帮助她监督孙辈的学习。在接受采访时，她说："我的三个女儿都已经长大，各自忙于事业。我的大女儿是教师，她经常忙着教其他学生，我觉得我有责任参与到孙辈的学习和成长过程中。"[24]

在新加坡，考试不仅是孩子的挑战，更是整个家庭共同面对的挑战。

不讲理的家长

如今，家长受教育程度比以往任何时候都更高。谈到这种背景下家长日益

增长的期望时，时任教育部部长黄永宏表示：[25]

> 随着教育水平的提升，教师、学生和家长之间的互动正在发生变化。这一变化已经显现，许多资深教师在我访问学校时都提到了这一点。越来越多的家长提出要求，希望为他们的孩子量身定制课程。他们能够辨别出孩子在学习上遇到困难的具体领域，并且希望定期了解孩子的学习进展。

这一观点最近得到了王瑞杰部长的呼应：[26]

> 实现"每位家长都是支持型伙伴"的理念并不容易。如今，许多受过良好教育的家长毫不犹豫地表达自己的期望，有时对孩子的教育方式也有完全不同的看法。

家长日益增长的期望无疑给学校带来了压力。提高教育质量虽不易，但这是学校的责任。然而，当教育越来越被视为一种商品时，危险也随之出现。教育商品化助长了教育体系中的消费主义趋势，在这种体系中，一些家长和他们的孩子将自己视为学校的客户。当这种情况发生时，教育的更深层次和更高尚的目标开始受到侵蚀，学校与家长的合作变得更加困难，尤其是在处理有不良行为的学生的问题时。

在一些案例中，家长的要求或态度相当不合理。王瑞杰部长讲述了他与一位愤怒的父亲会面的经历。这位父亲对儿子学校的老师非常不满，并对他们进行了强烈的指责：[27]

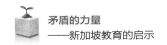

他一上来就对儿子学校的老师们进行了一连串的辱骂。看到他在我面前的态度，我不难想象他在与老师见面时是如何表现的。我坚定地告诉他，如果他希望我们帮助他，首先他必须帮助自己，不良行为是没有理由也没有借口可以辩解的。

当家长在孩子面前表现出这样的行为时，他们传递给孩子的是混乱的信息，尤其是在处理负面情绪时。王瑞杰部长分享了另一个案例，一位母亲因为儿子被老师剪了头发而报警：[28]

最近，我们遇到一位母亲，她报警并向媒体投诉，说儿子花了 60 新元理的发型被老师毁了。事情其实很简单，儿子多次被提醒需要剪发，但他没有遵守。学校在提醒无效后，发信告知家长。这位母亲的回答是她儿子有阅读障碍，因此健忘。然而，有阅读障碍并不意味着健忘。正如一位作家在媒体评论中所说，这位母亲这样小题大做，对她自己和儿子都没有任何好处。如果家长不表现出宽容和对规则的尊重，我们的年轻人也不会效仿，那么随着时间的推移，纪律会被削弱，学校的氛围会恶化，社会的整体氛围也将受到影响，优秀的老师可能因此感到沮丧，最终选择离开教育行业。

虽然这些例子是个别的，但它们反映了学校必须应对的情况。

将家长作为合作伙伴

作为新加坡教育改革策略的一部分，教育部积极推动家长参与，旨在改变他们的心态并帮助他们接受全方位的教育理念。为实现这一目标，教育部实施了多项家校合作计划，如教育伙伴家长门户网站（Parents in Education website，PiE 网站）、家长支援小组（Parent Support Group，PSG）以及社区与家长辅助学校理事会（COMmunity and PArents in Support of Schools，COMPASS）。为家长提供多种参与平台，教育部能够更有效地传播教育理念，同时家长也有机会积极参与到教育改革的过程中。

为了进一步巩固家校关系，教育部于 1998 年成立了社区与家长辅助学校理事会[29]，由学校、企业组织和自助团体的代表组成。自此以后，超过 95% 的学校建立了家长教师联谊会或家长支援小组。[30] 通过家长教师联谊会或家长支援小组等渠道，社区与家长辅助学校理事会与教育部紧密合作，积极鼓励家长参与，从而加强家庭与学校之间的合作关系。

"PiE 网站"为家长提供了资源和反馈平台，帮助家长解决与孩子教育相关的各种问题。家长还可以通过社区与家长辅助学校理事会与教育部人员交流，与教育部联系。

近年来，教育部致力于提升家长支援小组的有效性，取得了显著成果。家长主导的活动蓬勃发展，特别是在家长教育、学生活动指导和资源开发等方面。正是通过这些家长支援小组，家长对孩子、教师和学校政策有了更深入的了解，彼此之间建立了友谊，增强了对孩子学校及整个社区的归属感。[31] 此外，各校的家长支援小组还获得拨款，用于在学校组建家长、教师和学生的支持网络。

2015 年，教育部推出了一本活动手册，旨在帮助小学一年级学生的家长更好地应对孩子进入学校的过渡期。所有明年入学的小学一年级学生家长将在当年 11 月收到这本手册，该手册还可供教师在线使用。因此，家中有在校学生的家长得到了充分的支持，包括学校举办的育儿工作坊、与其他家长和教育专家的交流会以及线上和线下的各种资源。特别值得一提的是，"书包"网站也

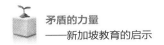
为家长提供了实用的资源。

展望未来，教育部希望家长在"技能创前程"计划中，尤其是在教育和职业辅导方面发挥更大作用。为此，教育部改进并丰富了面向小学高年级和初中低年级学生家长的教育和职业辅导指导手册。此外，教育部还在各大学、理工学院和技术教育学院部署了教育和职业辅导辅导员，协助家长和学生在教育和职业路径上做出明智的选择。

当然，要让家长改变他们对学术成功的固有观念并不容易，除非他们能够看到教育体制发生明确且彻底的转变。心态的改变不会一蹴而就，对家长而言，没有什么比看到孩子取得好成绩更能让他们对孩子的未来感到安心。尽管我们时常听到望子成龙的家长所采取的各种做法，但有迹象表明，这种心态正在逐渐发生变化，尽管过程较为缓慢。例如，一位毕业于名校的母亲曾致信本地报纸，表示她和丈夫选择将女儿送到家附近一所新成立的学校，而不是她的母校——一所备受欢迎的学校。这个决定是基于新学校与他们住址的便利距离，以及他们在参加学校开放日时感受到的学校与女儿之间的初步契合度。她说：[32]

> 也许她的学校是一所新建的邻里学校，但老师们都非常敬业。虽然学校没有悠久的历史或辉煌的成绩，但它无疑是最适合我女儿的学校，这才是家长在为孩子选择学校时应该考虑的因素。

教育"军备竞赛"中的家长困境

最近，一位老师与我分享了她如何劝导一对夫妇不要因孩子进入精英名校的不确定性而感到焦虑。这对父母对孩子成绩略低于该校录取分数线感到紧张不安，他们非常渴望孩子能进入那所学校，但由于无法确定是否能被录取而沮丧。这位老师告诉我，她试图用"每所学校都是好学校"的理念来安慰他们，但效果不佳。随后，她谈到了自己的经历。巧合的是，她也有类似的情况。她的孩子与那对夫妇的孩子同龄，成绩同样接近她一直希望孩子就读的学校的录取分数线。她带着些许讽刺的语气说道，虽然她在工作中能够为家长提供合理的建议，但涉及自己的孩子时，她陷入了两难境地。她一直希望自己的孩子能就读那所学校，那么，她是该坚持呢，还是另选一所学校呢？随后，她说，除非目前的做法有所改变，否则很难责怪家长会有这样的想法。在新加坡的教育"军备竞赛"中，家长们常常陷入这种两难境地。

一位家长在报纸评论中写道：[33]

当你看到身边的家长都在全力以赴时，想保持冷静和超然确实不易。支持鼓励与执着强势、加油打气与严苛逼迫之间的界限究竟在哪里？在恐惧的驱动下，越过这条界限是如此容易。我们担心自己的孩子会落后于同龄人，担心这会影响他们的自尊心，害怕糟糕的成绩和受挫的自信会让他们的人生注定平庸……我们明知对成功的定义过于狭隘，甚至有时并不准确，但我们仍在为之奋斗。因为成绩、奖项和财富是可见的、可衡量的、可比较的，而同情心与正直这样的品质却难以量化。

家长们的困境让我联想到博弈论中的"囚徒困境"。如果我不怕输，社会上的其他人也都不怕输，那就一切无碍。然而，如果我不怕输，但其他人都怕输，那我可能会因此吃亏，并责怪自己天真。但我怎么能知道其他人是否怕输

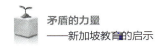

呢？如果每一位家长都认为怕输是更为保险的选择，那么最终产生的集体效应又会是怎样的呢？

总结

"每所学校都是好学校"这一理念试图帮助社会摆脱在教育体系中应对激烈竞争的囚徒困境，但这需要家长在精神上和行动上都能给予支持。正如一位家长所写的，关于缓解新加坡教育"军备竞赛"，仍有一线希望：[34]

> 希望仍然存在。我们无法完全退出这场竞争，但可以设定自己的规则和节奏。前几天，我和丈夫与儿子进行了沟通，明确了我们的期望。我们不要求他样样拔尖，但我们希望他始终尽力而为……我们不会责怪他不理解学校教授的内容，甚至不及格，但如果他在遇到困难时轻易放弃，或在复习学习难点时不专心，我们会暂停他的一些特权。简而言之，即使他没有天赋，也应该保持正确的态度。

新加坡许多教育政策不仅着眼于结构问题，还试图解决社会文化问题。时间将证明，社会特别是家长，能够在多大程度上接受这种不同的教育理念和模式。

参考文献

1 Heng, S. K. (2014, April 12). Speech by Mr Heng Swee Keat, Minister for Education, at the MOE ExCEL Parent Support Group Conference 2014 at Suntec Convention Centre. Retrieved from http://www.moe.gov.sg/media/speeches/2014/04/12/speech-by-mr-heng-swee-keat-at-the-moe-excel-parent-support-group-conference-2014.php.

2 Tan, J. B. & Yates, S. (2011). Academic expectations as sources of stress in Asian students.

Sociology and Psychology in Education, 14(3), 389−407.

3 Lee, H. L. (2006, August 31). Speech by Prime Minister Lee Hsien Loong at the Teachers' Day Rally 2006, at the Max Pavilion, Singapore Expo. Retrieved from http://www.moe.gov.sg/media/speeches/2006/sp20060831.htm.

4 Heng, S. K. (2012, September 12). Keynote Address by Mr Heng Swee Keat, Minister for Education at the Ministry of Education Work Plan Seminar at Ngee Ann Polytechnic Convention Centre. Retrieved from http://www.moe.gov.sg/media/speeches/2012/09/12/keynote-address-by-mr-heng-swee-keat-at-wps-2012.php.

5 Tan, P. (2012, June 20). Parent volunteerism scheme discriminates. *Today*, p. 20.

6 Chia, S. (2013, July 1). Kiasu parents prepping P1 registration. *The Straits Times*, p. B4.

7 Heng, L. (2013, July 2). Website a hit with kiasu parents. *The New Paper*, p. 5.

8 Ng, J. Y. (2015, May 22). Portal to rate schools sparks concern among some educators. *Today*, p. 8.

9 Ng, J. Y. & Sreedharan, S. (2012, November 23). PSLE scores still the focus for many parents. *Today*, p. 1.

10 Chia, S. (2013, July 1). Kiasu parents prepping P1 registration. *The Straits Times*, p. B4.

11 Law, Z. T. & Cheow, S. A. (2013, April 29). Parents in Singapore love extra tuition. *The New Paper*, p. 2.

12 Law, Z. T. & Cheow, S. A. (2013, April 29). Parents in Singapore love extra tuition. *The New Paper*, p. 2.

13 Toh, K., Chia, Y. M., & Lua, J. M. (2012, August 28). Without extra lessons, our kids may lose out. *The Straits Times*, p. A7.

14 Davie, S. (2015, July 9). Tuition has become an educational arms race. *The Straits Times*, p. A30.

15 Lee, V. (2015, January 18). Kid's Stress: Whose fault is it? *The Sunday Times Life*, p. 18.

16 Toh, K., Chia, Y. M., & Lua, J. M. (2012, August 28). Without extra lessons, our kids may lose out. *The Straits Times*, p. A7.

17 Poh, I. (2015, January 7). Man lied about address to get daughter into school. *The Straits Times*, p. B6.

18 Ministry of Education (MOE) (2015, May 20). 2015 Primary One Registration Exercise for Admission to Primary One in 2016. Retrieved from http://www.moe.gov.sg/education/admissions/primary-one-registration/.

19 Siong, O. (2015, May 26). New primary 1 registration rule for children living near school. *Today Online*. Singapore. Retrieved from http://www.todayonline.com/singapore/new-

primary-1-registration-rule-children-living-near-school; Teng, A. (2015, May 26). New P1 admission rule: Live at address for at least 2½ years. *The Straits Times*, p. A7.

20 Yong, C. (2012, October 26). Consistent revision is key to less stress. *The Strait Times*, p. B2.

21 Chia, S. (2012, October 26). Mum helps daughter clear Maths hurdle. *The Strait Times*, p. B2.

22 Aw, Y. (2013, August 25). Parents start learning for exams. *The New Paper*, p. 3.

23 Aw, Y. (2013, August 25). Parents start learning for exams. *The New Paper*, p. 3.

24 Aw, Y. (2013, August 25). Parents start learning for exams. *The New Paper*, p. 3.

25 Ng, E. H. (2010, September 6). Opening Address by Dr Ng Eng Hen, Minister for Education and Second Minister for Defence, at the 5th Teachers' Conference 2010 at the Singapore International Convention and Exhibition Centre, Suntec City. Retrieved from http://www.moe.gov.sg/media/speeches/2010/09/06/5th-teachers-conference-2010.php.

26 Heng, S. K. (2012, September 12). Keynote Address by Mr Heng Swee Keat, Minister for Education at the Ministry of Education Work Plan Seminar at Ngee Ann Polytechnic Convention Centre. Retrieved from http://www.moe.gov.sg/media/speeches/2012/09/12/keynote-address-by-mr-heng-swee-keat-at-wps-2012.php.

27 Heng, S. K. (2012, September 12). Keynote Address by Mr Heng Swee Keat, Minister for Education at the Ministry of Education Work Plan Seminar at Ngee Ann Polytechnic Convention Centre. Retrieved from http://www.moe.gov.sg/media/speeches/2012/09/12/keynote-address-by-mr-heng-swee-keat-at-wps-2012.php.

28 Heng, S. K. (2012, September 12). Keynote Address by Mr Heng Swee Keat, Minister for Education at the Ministry of Education Work Plan Seminar at Ngee Ann Polytechnic Convention Centre. Retrieved from http://www.moe.gov.sg/media/speeches/2012/09/12/keynote-address-by-mr-heng-swee-keat-at-wps-2012.php.

29 Teo, C. H. (2000, November 17). Speech by RADM (NS) Teo Chee Hean, Minister for Education and Second Minister for Defence at the Ceremony to Commemorate End of COMPASS' First Term of Office and Launch of "Home, School and Community Partnerships" at the Ministry of Education. Retrieved from http://www.moe.gov.sg/media/speeches/2000/sp17112000a.htm.

30 Ministry of Education (MOE) (2012). New Website for Parents and Resource Pack for Schools on Home-School-Community Partnership. Press Release. Retrieved from http://www.moe.gov.sg/media/press/2012/09/new-website-for-parents-and-re.php.

31 Zulkifli, M. (2009, October 24). Closing Address by Mr Masagos Zulkifli, Senior

Parliamentary Secretary, Ministry of Education and Ministry of Home Affairs, at the COMPASS Convention at Temasek Convention Centre, Singapore. Retrieved from http://www.moe.gov.sg/media/speeches/2009/10/24/closing-address-by-mr-masagos.php.

32 Louis, I. (2013, August 27). Not "branded" school, but great fit for daughter. *The Straits Times*, p. A23.

33 Tee, H. C. (2015, September 7). Taming the kiasu mother in me. *The Straits Times*, p. B9.

34 Tee, H. C. (2015, September 7). Taming the kiasu mother in me. *The Straits Times*, p. B9.

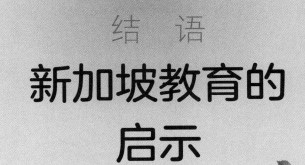

结　语

新加坡教育的启示

教育改革的核心在于，一代人愿意为改变做出牺牲，从而为下一代创造更加光明的未来。

从新加坡教育中获得的启示

我们能从新加坡的教育变革中汲取哪些经验？首先，让我们回顾四个矛盾现象和四个梦想蓝图，并从中总结一些启示。

矛盾现象一：适时而变，恒久而常。教育改革应当着眼于国家未来的长远发展，而非短期的利益或政治意图。国家需要有勇气适时调整教育体系，保留那些能够在变革中为人们提供指引的核心价值观。

矛盾现象二：任人唯才，仁爱包容。一个成功的教育体系应为拥有不同天赋的孩子提供多元化的发展路径，使他们无论种族、语言或宗教背景，都能在教育中找到属于自己的成功机会。同时，国家应特别关注那些处于弱势地位的学生，合理分配资源以帮助他们进步。

矛盾现象三：集权管理，放权而治。国家需要设计一个既能实现系统整体协同效应，又能赋予一线教育工作者更多自主权的体系。教育体系应由负责任的教育者引领，问责制应为他们提供支持，而不是给他们施加过多压力。在全球许多教育改革中，教师和校长被要求实现基于测试成绩的目标，但未能获得足够的支持，最终导致他们的动力被削弱。

矛盾现象四：少教多学，简学深悟。许多国家对教育结构进行了改革，但教与学的核心环节未发生变化，学生的学习体验仍然和以前一样。教育改革应深入课堂，教师需要更好地理解学生，并开发出适合他们的教学方法。继续使用单调乏味的教学方法不会带来更好的学习效果。

梦想蓝图一：每所学校都是好学校。在理想的教育体系中，尽管学校间有差异，但应该使每所学校都能够在安全、有利于学习的环境中为学生提供优质教育，优质教育不是精英名校的特权。学校系统需要逐步赢得社会的信任，确保每一位学生都能享有优质教育。

梦想蓝图二：每位学生都是积极的学习者。许多学生之所以对学习失去兴趣，是因为课程设计仅仅停留在传递信息的层面，没有激发他们的兴趣或考虑他们的学习方式。因此，教师应改进教学方法，让学生能够更积极地参与到教学过程中，以更加有意义的方式进行学习。

梦想蓝图三：每位教师都是关爱学生的教育者。建设一支可信赖的教师队伍，不仅仅是通过高薪吸引"最优秀"的人才加入，更重要的是关注教师的职业动机、专业性和职业发展。同时，帮助教师在社会中树立正面形象至关重要。一支优秀的教师队伍不仅是教育体系的优势，更是国家的战略财富。

梦想蓝图四：每位家长都是支持型伙伴。家长的心态是教育体系成功的关键因素之一。因此，与家长的合作不仅仅局限于讨论孩子的学业表现，而是要鼓励一种开放式的对话，推动社会文化向更加重视教育和儿童全面发展的方向转变。

这些经验对任何教育体系来说都是有益的。结合第一章提到的国际报告所提炼的见解，我们能够汲取许多关于教育改革的实用建议。然而，从新加坡教育中可以提取的经验绝不止于此。乍一看，这些经验似乎是可以轻松实施的策略，但仔细分析后会发现，它们其实远比表面复杂得多。新加坡如何推行这些变革，远比变革本身更为关键。在新加坡，教育变革不仅关乎做什么，更在于如何去做。新加坡的教育举措深刻反映了其社会的本质和人民的特质。新加坡没有采取片面的解决方案，而是直面体系中的挑战和矛盾，并从这些紧张关系中汲取力量，推动积极的变革。新加坡并未直接借鉴他国的政策和实践，而是走出了一条独特的发展道路。它没有选择最轻松的道路，而是通过与自身文化的深度对话，勇敢地挑战那些根深蒂固的观念。

矛盾激发的力量

新加坡的教育体系是社会的缩影，在这个体系中，不同种族和宗教背景的孩子共处一室。教育不仅深刻影响着社会，也反过来深受社会的影响。相比其他国家的教育体系，新加坡的教育体系或许更能直接呈现抽象价值观、隐性心态和潜在矛盾的具体表现。过去、现在与未来的交织，以及各层级的动态互动，都对教育体系产生了深远的影响。这些影响往往以矛盾和张力的形式展现。

如何处理这些矛盾，是新加坡教育面临的一项重大挑战。若能妥善处理，这些矛盾不仅不会成为阻碍，反而会成为驱动力，激发深刻反思和讨论，推动教育向积极的方向发展；但若处理不当，这些矛盾可能演变成社会分裂的导火索，引发不和谐。然而，新加坡的优势在于，它能够将这些矛盾转化为前进的动力，而非让其成为阻力。那么，新加坡是如何做到这一点的？答案在于共同的目标。

共同的目标是新加坡教育体系保持凝聚力并不断向前发展的核心驱动力。新加坡人普遍相信教育的重要性，认为建立和维持高质量的教育体系对个人成长和社会进步至关重要。这一共同的教育目标就像一座灯塔，为教育工作者指引方向，使他们在应对外部挑战的同时，能够调整内部路径。尽管教育工作者可能关注的焦点不同，甚至对某些策略存有异议，但他们对教育体系充满信

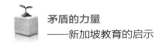
任，团结一致，共同致力于让事情顺利进行，而不是摧毁整个体系。这就是为什么矛盾是一种创造性的张力，而不是破坏性的，它能够带来积极的变革，而不是消极的态度或瓦解体系。

这种共同目标的力量得益于教育界的紧密联系。教育部相关人员、学校教师以及国立教育学院的教师培训者通过正式和非正式的方式保持密切互动，持续探讨教育政策、学校实践以及教师发展。这些讨论并非总是一帆风顺，有时甚至充满模糊性、矛盾且多元的观点，但新加坡能够从容应对这些差异。通过深入的互动和坦诚的对话，这些矛盾引发的不和谐最终被转化为积极的力量，推动教育体系沿着协商一致的方向发展。变革通过倡导、微调和相互理解逐步实现，所有参与者都以共同的教育和国家建设目标为指引。在这些因素的共同作用下，新加坡的教育体系不断向积极的方向演进，成为社会与个人发展的重要基石。

这种紧密的互动和深度的联系为教育体系提供了应对变化的文化支柱。当挑战来临时，教育界如同一张紧密交织的网络，成员之间相互支持，共同应对冲击。教育体系通过吸收这些变化，在调整过程中实现转型，变得更加坚韧。理论上，如果变化的冲击超出了体系的适应能力，确实可能导致体系崩溃。这也解释了为什么新加坡在推动变革时总是谨慎且深思熟虑，确保变革能够增强体系的韧性，而非使其瓦解。

务实主义既有优点也有缺点，但在教育改革领域，新加坡人的务实态度实际上增强了共同目标的驱动力。拥有共同目标并不意味着每个人都对实现目标的方式达成一致。一些分歧可能深植于情感层面，而某些问题本身也难以找到统一的解决方案。然而，在新加坡教育界，不和谐从来不是化解分歧的手段。面对矛盾，新加坡的教育工作者或许会抱怨，但他们更倾向于以务实的态度接受这些矛盾，继续向前。大多数教育工作者认为，沉溺于无果的讨论毫无意义。新加坡的历史塑造了新加坡人务实的态度，理念固然重要，但更重要的是实际效果。他们更关注的是：这一方案是否有效？它的利弊如何？收益是否大于风险？这正是新加坡人务实态度的最佳体现。

有人担心，务实主义可能会限制讨论、参与和个人能动性。然而，在新加坡的教育体系中，这些因素依然共存。讨论和参与并未被扼杀，但普遍共识是，果断决策和团结行动才是推动进步的关键。对许多新加坡教育工作者来说，无休止的讨论只会导致停滞不前。相比之下，新加坡更注重在反思与辩论中推动实际行动，而不是被冗长的争论拖慢步伐。

务实主义并非新加坡率先提出的。务实主义是一种注重实用性和实践成果，而非教条式理性主义的哲学思想，起源于 19 世纪 70 年代的美国，由查尔斯·桑德斯·皮尔斯（Charles Sanders Peirce）和威廉·詹姆斯（William James）提出并推广。新加坡将务实主义巧妙地发展为其文化核心的一部分。教育体系的持续变革，正是因为新加坡人深知，不求变就无法适应未来。然而，变革必须切实可行，空泛的理念无助于实际问题的解决。这种务实的态度使得新加坡教育体系在快速变化的同时，保持了相对的稳定性。看似矛盾的现象实际上反映了新加坡在挑战传统与坚持实用性之间找到的微妙平衡。这也解释了新加坡教育体系如何在不断提升质量的同时，维持结构的稳定，以支持这些变革。

走出自己的道路

在全球范围内，借鉴他国政策和做法十分普遍，但新加坡始终坚持走自己的独特道路。全球有许多成功的教育体系，比如芬兰通过教育公平理念取得了卓越成就。[1] 尽管芬兰的公平理念值得钦佩，但新加坡不会试图成为芬兰，当然，芬兰也不应试图成为新加坡。[2] 如果新加坡直接照搬芬兰模式，有些人可能会担心，最优秀的学生是否会因为追求教育公平而受到影响。在"任人唯

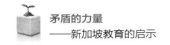

才，仁爱包容"的理念下，新加坡发展了自己的公平观念，确保没有孩子被忽视，没有孩子被耽误。

当其他国家纷纷强调标准化考试和成绩时，新加坡选择了另一条道路。新加坡并不会盲目追随全球流行的趋势，而是专注于下一代的需求。新加坡秉持"适时而变，恒久而常"的理念，稳步推进教育体系的改革。这些举措的出发点是国家建设，而不是为了政治形象而固守无效的政策，或因"新官上任三把火"而在公职人员更替时将之前的做法全盘推翻。

新加坡秉持向他人学习的理念，但在借鉴时，始终考虑自身的国情。每年，新加坡都会资助许多学校领导和教师进行海外学习考察，但这些考察的目的并非直接复制他国的政策或做法，而是了解他国成功背后的核心原则，并通过观察不同的教育体系，促使教育工作者反思和改进自己的思维方式。虽然一些西方精英名校擅长激发少数学生的创造力，但新加坡学校必须确保教育对所有学生都是普及且负担得起的。因此，新加坡的普通学校在借鉴海外经验时，会根据这些做法背后的原则进行调整，以更好地适应不同学习能力、兴趣、性格和家庭背景的学生。

据旅美学者赵勇教授所言，中国领导人对学校的现状表示担忧，因为许多学校虽然能培养出优秀的应试考生，但在培养具备创新和创业精神的学生方面却显得不足。与此同时，美国的政策制定者也很困扰，因为一些学校未能培养出在标准化考试中表现优异的学生，尽管美国的经济依赖于多样化的创造力，而不仅仅是学术成就。[3] 新加坡决心走出自己的道路，逐步摆脱仅以考试成绩衡量成败的狭隘教育体系，转向更加全面的教育体系，注重激发学生的创造力，同时谨慎避免因改革而削弱已有的优势。新加坡深知自身的国情，力求在保留核心优势的前提下，稳步探索新的领域。

与一些国家急于求成的应对方式不同，新加坡更倾向于采用系统而有条理的改革方式。换句话说，改革贯穿整个体系，保持一致性，并通过清晰的步骤稳步推进。新加坡在政策、实践和准备工作上都进行了充分考虑，这也反映了其整体的治理方式。例如，2015 年，新加坡任命了一位高级部长来监督和协调国家三大变革领域（国家安全、经济和社会政策、基础设施）中的跨部门工作，确保复杂问题能够以系统化的方式得到解决。此外，这些高级部长随后还担任相关部门新任部长的"导师"，以确保改革与连续性并存。

新加坡稳步推进计划。教育部从 2012 年到 2015 年，系统性地落实政策目标，包括 2012 年的"每所学校都是好学校"，2013 年的"每位学生都是积极的学习者"，2014 年的"每位教师都是关爱学生的教育者"，以及 2015 年的"每位家长都是支持型伙伴"。在这段时间内，各类措施也在慢慢转型。在教育改革中，持之以恒是一种宝贵的品质，新加坡在逐步推进长期规划的过程中展现出自身所具备的耐心。

与自身文化对话

新加坡深刻地认识到，教育的本质与社会文化息息相关。要实现全面教育改革并拓宽对成功的定义，就必须改变现有的竞争文化以及以成绩为核心的观念。许多国家在改革教育体系时，往往忽视了对文化因素的深入处理。而新加坡则展现了直面自身文化的勇气，与深植于社会的观念展开深入对话。挑战根深蒂固的思维方式固然不易，也往往不受欢迎，但新加坡依然选择迎难而上。

新加坡正试图改变社会中的一种观念，即学历是获得好工作并取得成功的唯一关键因素。这种观念并不完全正确。尽管初始学历确实能为人们打开职业生涯的第一扇门，但它并不能确保终身就业或晋升。许多工作要求人们在职业生涯中不断学习新知识或深入掌握技能。无论是厨师还是软件工程师，都需要不断更新自己的知识和技能，否则会被行业淘汰。因此，学历虽然重要，但它

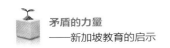
并不是终身保障，更为关键的是培养年轻人终身学习的态度以及持续学习和自我提升的能力。

当前的补习热潮反映出要改变新加坡的社会文化仍需付出更多努力。问题在于，补习不再仅仅是为成绩不佳的孩子提供额外帮助，而是许多成绩优异的孩子也在接受补习。这表明家长为了让孩子在竞争中领先他人，持续投入精力。这是一场永无止境的竞赛，要想结束这场竞赛，唯一的办法是挑战新加坡人对如何获得美好生活的根本信念。

四个梦想蓝图不仅是愿景，还旨在解决新加坡文化中阻碍教育改革的关键问题。"每所学校都是好学校"致力于抵制争夺名校名额的过度竞争文化；"每位学生都是积极的学习者"将教育的重心从考试成绩转移到学习过程本身；"每位教师都是关爱学生的教育者"强调了在尊师重道观念逐渐式微的时代教师的重要作用；"每位家长都是支持型伙伴"则表明，教育改革的成功有赖于家长和社区的共同支持。

新加坡的经验清楚地向世界表明，教育改革与社会文化紧密相连，这从来不只是教育问题。新加坡展现出非凡的勇气，选择了更为艰难的道路，直面自身的文化问题，正视其中的紧张关系，并探索出属于自己的解决方案。

新加坡教育体系的未来之路

在新加坡的国家发展历程中，教育体系始终扮演着关键角色。教育体系所面临的挑战与新加坡的社会经济状况紧密相连，这一情况至今未变，未来也不太可能改变。因此，正如国家建设时期一样，未来新加坡的教育体系将同样面临艰巨的任务。随着经济和社会的变化，新的挑战将不断涌现。通过几个例子，我们可以看到教育体系所面临的挑战。

第一，关于教育性质的矛盾日益加剧。一方面，新加坡正在推行全面教育；另一方面，新加坡需要在生命科学、生物医学和制药等高端领域深耕，以在国际竞争中保持优势。一方面，新加坡努力缓解教育体系内的竞争压力；另一方面，新加坡必须提升自身的经济竞争力，以应对规模更大、发展更成熟的经济体，这些经济体往往拥有新加坡所不具备的经济基础。尽管这些需求并非不可调和，但现有的紧凑的课程体系将面临多方位的压力。每件事都至关重要，但必须做出明智的取舍。

第二，随着新加坡的成功，社会对它的期望也随之提高。越来越多的人希望提升学历，但国家必须避免出现这样的问题，即一流的教育体系培养了大量高学历人才，却缺乏足够的工作岗位来匹配他们的学历。例如，韩国就面临着毕业生过剩、岗位不足的困境，许多年轻人因学历较高，难以接受那些传统上被认为"配不上"大学毕业生的工作。因此，高学历人群过多可能导致不切实际的预期，最终由于经济体系无法满足这些预期而引发社会问题。正如李显龙总理曾指出的：[4]

我们不能毫无计划地培养毕业生，而不考虑他们的质量或就业前景；不能只是设立教育机构、开设课程、发放学位证书，培养大量毕业生，而让他们最终充满失望和不满。其他国家已经犯过这样的错误，他们培养出失业或未充分就业的毕业生。这种现象在英国、美国，甚至中国都存在，许多毕业生进入就业市场后难以找到工作。

因此，新加坡需要在激励人们追求理想和管理预期之间找到一个微妙的平衡，既要激发人们的抱负，又要避免将来产生不满；既要管理好预期，又要避免使人失去动力。这一挑战在于如何在鼓励抱负的同时，合理地管理这些预期。

第三，新加坡亟需更多的创新和创业活动，而这些活动常常伴随着风险，不仅难以保证成功，选择一条少有人走的道路还需要极大的努力。正因如此，新加坡人天生的务实性格在某种程度上成了限制因素。新加坡的教育体系从小培养学生理性务实的思维方式，学生们被鼓励先解决简单的考试题目，以确保得分，避免在不确定的题目上浪费时间。成年后，他们自然会以类似的方式进行职业选择。如果某项工作风险过高，他们往往会犹豫，即使愿意冒险，也希望有政府提供的支持作为保障。虽然这种自上而下的支持是必要的，但长期来看有可能导致民众产生依赖心理。因此，问题的关键在于如何通过合适的平台鼓励年轻人突破固有的思维，激发他们的创新与创业热情，同时避免长期依赖外部支持。

第四，政府一直通过干预手段确保教育体系惠及所有人，如果变革仅依赖民间力量推动，可能会进展缓慢，或导致体系内部的不均衡。展望未来，教育体系必须更加灵活敏捷，依赖持续的知识创造、运用和更新能力。这不仅需要自上而下的推动，更需要整个体系的协调联动。政策制定者应将教育体系视为一个复杂的适应性系统，而非一台机械装置。这样的系统具备自我运作的能力，能够促使人们自发组织，开展有益的工作。通过这种方式，教育体系的转型将更具灵活性，并会催生更多由民间推动的创新。尽管当前的变革主要由政府推动，但要构建一个更加成熟的教育体系，必须逐步引入自组织模式[5]，使学校在应对多元化社会挑战时具备更强的韧性和变革能力。新加坡已经开始转向这一新思维，接受更高层次的复杂性，以便使教育体系适应未来需求。然而，找到合适的平衡并不容易。自由度过低，自组织的动力会被抑制，创造力将受到限制；自由度过高，自组织可能失去协调性，陷入功能失调。

第五，在经济波动、世界强国兴衰更替之际，价值观提供了稳固的支撑。然而，随着社会的日益多元化，在新加坡推行价值观教育变得更加复杂。应该采用谁的价值观？即便这些价值观得以标准化，它们能否被有效地传递？价值观教育依赖榜样，但代际差异可能导致教师之间对相同价值观的理解存在差异，或标准不一致。同样，公民教育的推行也面临挑战。新加坡的成功使年轻一代在繁荣的环境中成长，他们往往未能深刻体会到这种繁荣的来之不易以及背后所付出的努力。有人质疑公民教育，认为它只是用来引导人民顺从权威的宣传工具。但从长远来看，确保新加坡持续繁荣的责任落在年轻一代身上，他们需要认识到一个小国的生存可行性与局限性。价值观和公民教育不能流于形式，它们是传递国家"基因"的重要策略之一。国家面临的挑战在于如何既含蓄又清晰地传递这些关键信息。

在所有这些领域，新加坡将面临各种看似矛盾的需求，需要在相互竞争的需求之间进行协调。尽管每一个需求都有其合理性，但要将它们整合在一起却充满挑战。矛盾的是，正因为这些挑战巨大，新加坡反而充满希望。由于政策制定者、学校领导和教师能够接受并应对这些矛盾，他们的集体行动将确保体系不断进步而不会陷入停滞。新加坡将在未来的挑战中，继续依靠在国家建设过程中所培养的"走钢丝"技能，稳步前行。

新加坡能成为一个典范吗？

其他国家或地区可以向新加坡学习吗？或许可以，虽然规模和环境有所不同。常言道："麻雀虽小，五脏俱全。"无论是鹰还是麻雀，一个体系都必须具备完整的组成部分，而且这些部分必须协调运作。教育改革在系统、学校、课堂和个人层面同时展开，这正是新加坡教育的优势所在。体系的每个部分紧密相连，彼此互动，制定并执行连贯且可持续的行动计划。在一个体系中找到一所优秀的学校相对容易，但要建立一个整体优秀的学校系统则要困难得多。这正是新加坡所追求的目标：打造一个为所有人提供优质教育的卓越系统，而不是仅为少数人服务的精英教育体系。

　　我不认为新加坡的教育体系是一个"模范"体系，因为它并不完美。来自教育体系更为自由的国家的公民，往往难以理解新加坡家长为帮助孩子在学校取得成功所付出的巨大努力。与许多其他国家相比，新加坡的教育体系依然相对自上而下，注重考试导向，竞争激烈，并且给学生带来了不小的压力。在幼儿教育和特殊教育领域，新加坡仍在努力追赶其他更先进的教育体系。尽管如此，新加坡对全民教育卓越的承诺、长期的规划、审慎的执行、系统的协同机制、教师的专业发展以及面对固有思维的勇气，应该能为其他教育体系提供一些反思的契机。学习新加坡的经验并不意味着直接复制其政策和做法。正如新加坡从其他国家汲取经验一样，观察新加坡的教育改革过程可以帮助其他教育体系反思自己的观念，进而调整思维方式。根据新加坡的经验，我提出了一些反思性问题，供不同教育体系参考（仅选择适用的问题）：

- 如果一个国家将教育视为一种长期投资，而非简单的开支，那么会产生怎样的影响？

- 如果教育改革能够以长远的视角进行规划，并且在施政者更迭时仍然得到忠实执行，那么结果会如何？

- 如果各方能够协同合作，在教育体系的政策、实践和准备上实现更大的连贯性和协同效应，那么教育会变得怎样？

- 如果一个国家致力于为所有人提供优质教育，而不仅仅局限于少数人，那么教育的面貌会发生怎样的变化？

- 如果教师被视为国家建设者，而不是被看作地位较低的专业人员，那么会发生怎样的变化？

- 如果教育体系致力于招募和培养卓越的学校领导和教师，那么会发生怎样的变化？

- 如果教育改革的重点是帮助教师改进教学方法，激发学生的学习兴趣，而不仅仅是进行结构性的变革，那么会发生怎样的变化？

- 如果教师和学校通过他们在教育和全人关怀方面的专业贡献，而非学生的考试成绩来评估，那么会发生怎样的变化？

- 如果一个社会能够直面自身文化，以推动全国性打造卓越教育的承诺，那么教育氛围会有怎样的变化？

- 如果教育在国家层面能够呈现出更加积极且激励人心的形象，而不是经常在媒体和社交空间中受到批评，那么会发生怎样的变化？

在教育变革中，每项干预都有其利弊，没有任何一种改革能够满足所有人的期望。因此，教育改革是一个充满争议的过程，考验着人们的意志。矛盾与紧张不可避免，改革的结果将揭示其真相：究竟是流于口号，还是认真执行？如果是前者，改革很快就会自然消亡；如果是后者，人们将团结一致，克服困难，为下一代创造更好的未来。新加坡的经验引发了对任何教育改革最基本的问题：这是真的吗？

总结

2015 年 3 月 23 日清晨，新加坡建国总理李光耀逝世。以其在新加坡的崇高地位，许多人预测此事会对投资者的信心和新加坡的经济造成冲击。然而，值得关注的是，新加坡股市依然保持平稳。这正是李光耀精神遗产的体现：原本可能引发经济震荡的事件，最终仅激起微小的涟漪。这种稳定局面彰显了国家的实力，连市场也认可了新加坡深厚的心理韧性、廉洁政府的权力交接以及人民的坚韧不拔。

李光耀的去世对新加坡来说，既是一个令人心碎的时刻，也是一个令人振奋的时刻。无数新加坡人排队长达 8 小时，只为向这位建国元勋致敬。民众自发组织，彼此支持，共同度过漫长的等待时光。附近的商家自愿提供免费饮料、零食和雨伞，展现了社会的温暖。数十万人走上街头，悼念并纪念这位国家的奠基者。李光耀的离世对新加坡人产生了深远的影响。这不仅是一个哀悼的时刻，也是一个反思的时刻。新加坡的生存历程，从未像今天这样对老老少少都具有如此重要的意义，这一点令人意外。李光耀在世时，许多人忙于自己的生活，未曾表现出太多的感激之情。然而在他离世后，这份感恩却变得格外强烈。在新加坡务实主义的背后，隐藏着一颗感性且温暖的心。

作为一个建国不到一个世纪的国家，新加坡在 2015 年迎来了它的 50 岁生日。虽然年轻，但新加坡已经经历了巨大的变化。新加坡的故事是一个国家在快速变化的世界中努力适应的故事。新加坡原本可以随波逐流，但却选择了掌握自己的命运。经过几十年的国家建设，新加坡拥有蓬勃发展的经济、较高的人均收入，并在 OECD 的全球教育排名中名列前茅。然而，未来 50 年的挑战将更加艰巨，维持新加坡的成功将比过去的转型更加棘手。要继续引领全球教育，新加坡需要继承先辈的聪明才智、勇气和坚韧，正是这些品质使先辈在生存的艰难环境中迎难而上，克服了当时的挑战。新加坡不能停滞不前，也承受不起停滞的代价，必须继续适应并发展新的优势。作为一个小国，新加坡没有多少犯错的余地，也没有过多松懈的空间。然而，过于谨慎则可能压制社会的创造力和成熟过程，未来的艰难抉择和挑战正等待着新加坡。

目前，书店中畅销的依然是附带标准答案的考题集。有人可能会认为，新加坡学生对分数过于痴迷，且被培养成了害怕风险的人。然而，也有人认为，新加坡的学生在解决问题方面是世界上最优秀的。不论外界如何看待，新加坡深知自己教育体系的优缺点，并且有勇气进行改进。真正的变革依赖于一代人愿意为艰难的转型而坚持不懈，这样下一代才能拥有更加光明的未来。

我曾走访世界各地，在国际研讨会上分享我的观点。我告诉许多听众，50年后，如果再次举办这样的国际会议，他们的国家很可能依然会派代表参会。但我常常思考，50年后，新加坡是否依然存在？作为一名公民，我衷心希望如此！新加坡已经克服了许多困难，生存并繁荣，我相信在未来50年，甚至更长的时间里，它将再次迎接挑战，克服困难。虽然50年后我可能无法亲眼见证新加坡的繁荣，但我对新加坡的未来充满信心。到那时，我希望能看到另一本书由他人撰写，庆祝新加坡及其教育体系的奋斗与成就。请为我们祝福！

参考文献

1　Sahlberg, P. (2011). *Finnish Lessons: What Can the World Learn from Educational Change in Finland*? New York: Teachers College Press.

2　Ng, P. T. & Hargreaves, A. (2013, July 9). Singapore should not be Finland. *Today*, pp. 14–16.

3　Zhao, Y. (2012). *World Class Learners: Educating Creative and Entrepreneurial Students*. Thousand Oaks: Corwin Press.

4　Lee, H. L. (2012). A Home with Hope and Heart. Prime Minister Lee Hsien Loong's National Day Rally 2012. Retrieved from http://www.pmo.gov.sg/mediacentre/prime-minister-lee-hsien-loongs-national-day-rally-2012-speech-english.

5　Ng, P. T. (2009). Examining the use of new science metaphors in learning organisation. *The Learning Organization*, 16(2), 168–180.

译后记

长期以来，新加坡的教育体系备受本地与国际社会的关注，既有赞誉也不乏争议，到底哪些是"好"的，哪些是"不好"的呢。一次与前同事特级教师王学萍的通话中，我们谈及部分国际著作对新加坡教育的评价过于负面，王老师建议，不妨尝试提供另一种视角，帮助读者更全面地了解新加坡教育的独特性。这番对话促成了我投身于翻译《矛盾的力量——新加坡教育的启示》。

翻译过程中，最常遇到的挑战在于语境和用词的差异。虽然新加坡使用以普通话为基础的"华语"，但由于历史背景和社会语境的不同，许多词语和表达方式具有鲜明的地域特色。例如，"ASEAN"在新加坡通常译为"亚细安组织"，而在中国则被称为"东盟"；又如"package"一词，在新加坡的政策文件中常译为"配套"，意指一套包含具体策略、工具与资源的系统性方案，但这一译法对非本地读者来说或许较为陌生。

为了兼顾本地读者的阅读习惯与资料检索的便利性，我优先采用新加坡官方译法，并在必要时加以注释，以便其他华语地区的读者理解。我也参考了新加坡政府官网、《联合早报》等权威资料来源，以确保译文准确。如遇无既有译法之处，则依语义推敲，酌情处理。倘若译文中仍有疏漏之处，恳请读者与同行不吝指正。

本书作者黄博智博士是一位颇具声望的教育家，长期致力于教育改革与人才培育，在国内外教育界皆享有盛誉。他以深入浅出的方式梳理了新加坡教育的演变脉络，揭示其背后的理念、挑战与政策博弈，希望本书能为读者打开一扇理解新加坡教育实践与思维方式的窗户。

方　瑜

2024 年 9 月

图书在版编目（CIP）数据

矛盾的力量：新加坡教育的启示 /（新加坡）黄博智著；（新加坡）方瑜译. -- 上海：上海教育出版社，2025. 9. -- ISBN 978-7-5720-3589-0

Ⅰ. G533.9

中国国家版本馆CIP数据核字第2025HU8351号

上海市版权局著作权合同登记号 图字09-2025-0252 号

责任编辑　蒋文妍

封面设计　陆　弦

矛盾的力量——新加坡教育的启示

(新加坡) 黄博智　著

(新加坡) 方瑜　译

出版发行　上海教育出版社有限公司
官　　网　www.seph.com.cn
地　　址　上海市闵行区号景路159弄C座
邮　　编　201101
印　　刷　上海颛辉印刷厂有限公司
开　　本　700×1000　1/16　印张 12.75
字　　数　166 千字
版　　次　2025年9月第1版
印　　次　2025年9月第1次印刷
书　　号　ISBN 978-7-5720-3589-0/G·3208
定　　价　85.00 元

如发现质量问题，读者可向本社调换　电话：021-64373213